16	3	2	13
5	10	11	8
9	6	7	12
4	15	14	1

Ésquilo

PROMETEU PRISIONEIRO

Edição bilíngue
Tradução, posfácio e notas de Trajano Vieira
Ensaio de C. J. Herington

editora■34

EDITORA 34

Editora 34 Ltda.
Rua Hungria, 592 Jardim Europa CEP 01455-000
São Paulo - SP Brasil Tel/Fax (11) 3811-6777 www.editora34.com.br

Copyright © Editora 34 Ltda., 2023
Tradução, posfácio e notas © Trajano Vieira, 2023
"Introduction to *Prometheus Bound*" © C. J. Herington,
Arion: A Journal of Humanities and the Classics, Boston University,
New Series, vol. 1, nº 4, 1973/1974, pp. 640-67.

A FOTOCÓPIA DE QUALQUER FOLHA DESTE LIVRO É ILEGAL E CONFIGURA UMA
APROPRIAÇÃO INDEVIDA DOS DIREITOS INTELECTUAIS E PATRIMONIAIS DO AUTOR.

Título original:
Προμηθεὺς Δεσμώτης

Capa, projeto gráfico e editoração eletrônica:
Franciosi & Malta Produção Gráfica

Revisão e tradução dos excertos da crítica:
Camila Zanon

1ª Edição - 2023

CIP - Brasil. Catalogação-na-Fonte
(Sindicato Nacional dos Editores de Livros, RJ, Brasil)

Ésquilo, *c.* 525-456 a.C.
E664p   Prometeu Prisioneiro / Ésquilo;
edição bilíngue; tradução, posfácio e notas
de Trajano Vieira; ensaio de C. J. Herington
— São Paulo: Editora 34, 2023 (1ª Edição).
184 p.

ISBN 978-65-5525-169-2

Texto bilíngue, português e grego

1. Teatro grego (Tragédia). I. Vieira,
Trajano. II. Herington, C. J. III. Título.

CDD - 882

PROMETEU PRISIONEIRO

Argumento 9
Τὰ τοῦ δράματος πρόσωπα 10
Personagens do drama 11

Προμηθεὺς Δεσμώτης 12
PROMETEU PRISIONEIRO 13

O périplo de Io 116
Posfácio do tradutor 119
Métrica e critérios de tradução 131
Sobre o autor 133
Sugestões bibliográficas 135
Excertos da crítica 137

"Introdução a *Prometeu Prisioneiro*",
   C. J. Herington 151

Sobre o tradutor 183

"Prometheus ist der vornehmste Heilige und Märtyrer im philosophischen Kalender."

"Prometeu é o mais eminente santo e mártir no calendário filosófico."

Karl Marx, 1841

"*Gefesselter Prometheus*, als Regenbogenbrücke über den letzten Jahrtausenden schwebend, das höchste Cultur-Gedicht."

"*Prometeu Prisioneiro*, flutuando como uma ponte arco-íris sobre o último milênio, o mais elevado poema da nossa cultura."

Friedrich Nietzsche, 1877

Argumento

Cronos, soberano dos Titãs, perdera o poder numa revolta liderada por Zeus, seu filho mais jovem. Na rebelião, narrada na Titanomaquia, Prometeu, um dos Titãs, aliara-se a Zeus. Na condição de novo monarca, Zeus pretende aniquilar a estirpe dos mortais, mas Prometeu frustra seu plano, ao ensinar aos homens as artes e o uso do fogo. Considerando-se desafiado, Zeus condena Prometeu à prisão numa rocha em lugar longínquo e deserto.

A peça tem início quando Poder e Força, servos de Zeus, empenham-se em acorrentar Prometeu na encosta de uma montanha na Cítia, e são ajudados na tarefa por um relutante Hefesto, o ferreiro dos deuses.

Preso, Prometeu é visitado por vários personagens: as ninfas Oceânides, que formam o coro da peça, e seu pai Oceano; a princesa Io, condenada a vagar pelo mundo pela enciumada Hera; e por fim Hermes, emissário enviado por Zeus.

Τὰ τοῦ δράματος πρόσωπα

ΚΡΑΤΟΣ, ΒΙΑ
ἭΦΑΙΣΤΟΣ
ΠΡΟΜΗΘΕΥΣ
ΧΟΡΟΣ
ὨΚΕΑΝΟΣ
ἸΩ
ἙΡΜΗΣ

Personagens do drama

PODER e FORÇA, servos de Zeus
HEFESTO, deus do fogo e da metalurgia
PROMETEU, Titã que desafiou Zeus ao ensinar o uso do fogo aos humanos
CORO das Oceânides
OCEANO, velho Titã pai das ninfas do coro e de Hesíone, mulher de Prometeu
IO, filha de Ínaco, rei de Argos, amaldiçoada por Hera
HERMES, emissário de Zeus

Προμηθεὺς Δεσμώτης*

ΚΡΑΤΟΣ
Χθονὸς μὲν ἐς τηλουρὸν ἥκομεν πέδον,
Σκύθην ἐς οἶμον, ἄβατον εἰς ἐρημίαν.
Ἥφαιστε, σοὶ δὲ χρὴ μέλειν ἐπιστολὰς
ἅς σοι πατὴρ ἐφεῖτο, τόνδε πρὸς πέτραις
ὑψηλοκρήμνοις τὸν λεωργὸν ὀχμάσαι 5
ἀδαμαντίνων δεσμῶν ἐν ἀρρήκτοις πέδαις.
τὸ σὸν γὰρ ἄνθος, παντέχνου πυρὸς σέλας,
θνητοῖσι κλέψας ὤπασεν. τοιᾶσδέ τοι
ἁμαρτίας σφε δεῖ θεοῖς δοῦναι δίκην,
ὡς ἂν διδαχθῇ τὴν Διὸς τυραννίδα 10
στέργειν, φιλανθρώπου δὲ παύεσθαι τρόπου.

ἭΦΑΙΣΤΟΣ
Κράτος Βία τε, σφῷν μὲν ἐντολὴ Διὸς
ἔχει τέλος δὴ κοὐδὲν ἐμποδὼν ἔτι·

---

* Texto grego estabelecido a partir de *Aeschylus*, organização de Herbert Weir Smyth, vol. 1, *Prometheus*, Cambridge, MA/Londres, Harvard University Press/William Heinemann, 1926; e *Aeschylus: Prometheus Bound*, organização e tradução de Anthony J. Podlecki, Warminster, Aris & Philips, 2005.

Prometeu Prisioneiro

[Entram Hefesto, Poder e Força, conduzindo Prometeu]

PODER
Termina o mundo e chega a terra cita:
homem nenhum, deserto inacessível.
Deves cumprir à risca, Hefesto, o édito
paterno: aprisionar o criminoso
com fortes cabos de aço no rochedo
íngreme. Ele roubou a tua flor
— brilho ígneo, matriz de toda técnica —,
passou-a a mãos humanas. Tal afronta
aos imortais requer castigo duro.
Que aprenda a dar valor à voz de Zeus
e refreie seus gestos filantrópicos.

HEFESTO
Poder e Força, o que Zeus vos ordena
termina aqui, sem outro contratempo.

ἐγὼ δ' ἄτολμός εἰμι συγγενῆ θεὸν
δῆσαι βίᾳ φάραγγι πρὸς δυσχειμέρῳ. 15
πάντως δ' ἀνάγκη τῶνδέ μοι τόλμαν σχεθεῖν·
ἐξωριάζειν γὰρ πατρὸς λόγους βαρύ.

τῆς ὀρθοβούλου Θέμιδος αἰπυμῆτα παῖ,
ἄκοντά σ' ἄκων δυσλύτοις χαλκεύμασι
προσπασσαλεύσω τῷδ' ἀπανθρώπῳ πάγῳ 20
ἵν' οὔτε φωνὴν οὔτε του μορφὴν βροτῶν
ὄψει, σταθευτὸς δ' ἡλίου φοίβῃ φλογὶ
χροιᾶς ἀμείψεις ἄνθος. ἀσμένῳ δέ σοι
ἡ ποικιλείμων νὺξ ἀποκρύψει φάος,
πάχνην θ' ἑῴαν ἥλιος σκεδᾷ πάλιν· 25
ἀεὶ δὲ τοῦ παρόντος ἀχθηδὼν κακοῦ
τρύσει σ'· ὁ λωφήσων γὰρ οὐ πέφυκέ πω.
τοιαῦτ' ἐπηύρω τοῦ φιλανθρώπου τρόπου.
θεὸς θεῶν γὰρ οὐχ ὑποπτήσσων χόλον
βροτοῖσι τιμὰς ὤπασας πέρα δίκης. 30
ἀνθ' ὧν ἀτερπῆ τήνδε φρουρήσεις πέτραν
ὀρθοστάδην, ἄυπνος, οὐ κάμπτων γόνυ·
πολλοὺς δ' ὀδυρμοὺς καὶ γόους ἀνωφελεῖς
φθέγξῃ· Διὸς γὰρ δυσπαραίτητοι φρένες.
ἅπας δὲ τραχὺς ὅστις ἂν νέον κρατῇ. 35

ΚΡΑΤΟΣ
εἶεν, τί μέλλεις καὶ κατοικτίζῃ μάτην;
τί τὸν θεοῖς ἔχθιστον οὐ στυγεῖς θεόν,
ὅστις τὸ σὸν θνητοῖσι προὔδωκεν γέρας;

ΗΦΑΙΣΤΟΣ
τὸ συγγενές τοι δεινὸν ἥ θ' ὁμιλία.

Pregar no precipício um deus parente
exige uma coragem que eu não tenho.
Mas como pôr em xeque o Necessário?
Desdém à voz paterna é falha grave.

[a Prometeu]

Filho da sábia Têmis, mente audaz:
contra nós dois, o bronze indissolúvel
te imobiliza no penedo inóspito,
de onde não vês nem voz nem cor humana.
A flor da pele queimará ao sol
que inflama. Para teu alívio, a noite
encobre o lume com seu manto rútilo.
Um novo sol dissipa logo a bruma
e o mesmo fardo desta agrura volta:
não vive ainda quem te dê alívio.
Eis o fruto dos gestos filantrópicos.
Um deus desteme a ira de outros deuses,
honrando além do justo o ser humano.
Por isso velas sobre a rocha odiosa,
de pé, desperto, com os joelhos retos.
Não surtirão efeito os teus lamentos;
o coração de Zeus, nada o comove:
é duro quem exerce poder novo.

PODER
Por que demoras com lamúrias vãs?
Afagas quem os deuses mais odeiam?
Quem deu para os mortais a tua insígnia?

HEFESTO
Convívio e parentesco me constrangem.

ΚΡΑΤΟΣ
σύμφημ'· ἀνηκουστεῖν δὲ τῶν πατρὸς λόγων   40
οἷόν τε πῶς; οὐ τοῦτο δειμαίνεις πλέον;

ἭΦΑΙΣΤΟΣ
αἰεί γε δὴ νηλὴς σὺ καὶ θράσους πλέως.

ΚΡΑΤΟΣ
ἄκος γὰρ οὐδὲν τόνδε θρηνεῖσθαι. σὺ δὲ
τὰ μηδὲν ὠφελοῦντα μὴ πόνει μάτην.

ἭΦΑΙΣΤΟΣ
ὦ πολλὰ μισηθεῖσα χειρωναξία.   45

ΚΡΑΤΟΣ
τί νιν στυγεῖς; πόνων γὰρ ὡς ἁπλῷ λόγῳ
τῶν νῦν παρόντων οὐδὲν αἰτία τέχνη.

ἭΦΑΙΣΤΟΣ
ἔμπας τις αὐτὴν ἄλλος ὤφελεν λαχεῖν.

ΚΡΑΤΟΣ
ἅπαντ' ἐπαχθῆ πλὴν θεοῖσι κοιρανεῖν·
ἐλεύθερος γὰρ οὔτις ἐστὶ πλὴν Διός.   50

ἭΦΑΙΣΤΟΣ
ἔγνωκα τοῖσδε κοὐδὲν ἀντειπεῖν ἔχω.

ΚΡΑΤΟΣ
οὔκουν ἐπείξῃ τῷδε δεσμὰ περιβαλεῖν,
ὡς μή σ' ἐλινύοντα προσδερχθῇ πατήρ;

PODER
Certo. Mas desprezar as decisões 40
do pai não traz mais riscos? Não te aflige?

HEFESTO
Não cabe nunca dó em tua audácia.

PODER
Não há remédio no lamento. Evita
gastar inutilmente tua energia.

HEFESTO
Como odeio a perícia dos meus dedos! 45

PODER
Rancor estranho. O mal que sobre ti
se abate tem a ver com tua arte?

HEFESTO
Que fosse entregue a outro esse dote!

PODER
Os deuses tudo provam, salvo o mando;
somente Zeus conhece o livre-arbítrio. 50

HEFESTO
Bem sei. É irrefutável esse fato.

PODER
Sem mais delonga, abraça-o com amarras.
Que o pai não presencie o teu marasmo.

ΗΦΑΙΣΤΟΣ
καὶ δὴ πρόχειρα ψάλια δέρκεσθαι πάρα.

ΚΡΑΤΟΣ
βαλών νιν ἀμφὶ χερσὶν ἐγκρατεῖ σθένει 55
ῥαιστῆρι θεῖνε, πασσάλευε πρὸς πέτραις.

ΗΦΑΙΣΤΟΣ
περαίνεται δὴ κοὐ ματᾷ τοὔργον τόδε.

ΚΡΑΤΟΣ
ἄρασσε μᾶλλον, σφίγγε, μηδαμῇ χάλα.
δεινὸς γὰρ εὑρεῖν κἀξ ἀμηχάνων πόρον.

ΗΦΑΙΣΤΟΣ
ἄραρεν ἥδε γ' ὠλένη δυσεκλύτως. 60

ΚΡΑΤΟΣ
καὶ τήνδε νῦν πόρπασον ἀσφαλῶς, ἵνα
μάθῃ σοφιστὴς ὢν Διὸς νωθέστερος.

ΗΦΑΙΣΤΟΣ
πλὴν τοῦδ' ἂν οὐδεὶς ἐνδίκως μέμψαιτό μοι.

ΚΡΑΤΟΣ
ἀδαμαντίνου νῦν σφηνὸς αὐθάδη γνάθον
στέρνων διαμπὰξ πασσάλευ' ἐρρωμένως. 65

ΗΦΑΙΣΤΟΣ
αἰαῖ, Προμηθεῦ, σῶν ὑπερστένω πόνων.

HEFESTO
Em minhas mãos já vês as rédeas prontas.

PODER
Com toda a força envolve bem os punhos; 55
bate o martelo, prende-o firme às pedras.

HEFESTO
Pronto. Não falta nada à minha obra.

PODER
Não deixes nada frouxo, vai!, mais forte;
ele desfaz o emaranhado cego.

HEFESTO
Este braço duvido que desate. 60

PODER
Então ao outro. A rapidez sofística
— saiba — jamais alcançará o Cronida.

HEFESTO
Só ele poderia criticar-me.

PODER
No meio do seu peito encrava agora
o dente afiado desta cunha de aço. 65

HEFESTO
Ai, Prometeu, deploro a tua pena.

ΚΡΑΤΟΣ

σὺ δ' αὖ κατοκνεῖς τῶν Διός τ' ἐχθρῶν ὕπερ
στένεις; ὅπως μὴ σαυτὸν οἰκτιεῖς ποτε.

ἭΦΑΙΣΤΟΣ

ὁρᾷς θέαμα δυσθέατον ὄμμασιν.

ΚΡΑΤΟΣ

ὁρῶ κυροῦντα τόνδε τῶν ἐπαξίων. 70
ἀλλ' ἀμφὶ πλευραῖς μασχαλιστῆρας βάλε.

ἭΦΑΙΣΤΟΣ

δρᾶν ταῦτ' ἀνάγκη, μηδὲν ἐγκέλευ' ἄγαν.

ΚΡΑΤΟΣ

ἦ μὴν κελεύσω κἀπιθωύξω γε πρός.
χώρει κάτω, σκέλη δὲ κίρκωσον βίᾳ.

ἭΦΑΙΣΤΟΣ

καὶ δὴ πέπρακται τοὔργον οὐ μακρῷ πόνῳ. 75

ΚΡΑΤΟΣ

ἐρρωμένως νῦν θεῖνε διατόρους πέδας·
ὡς οὑπιτιμητής γε τῶν ἔργων βαρύς.

ἭΦΑΙΣΤΟΣ

ὅμοια μορφῇ γλῶσσά σου γηρύεται.

ΚΡΑΤΟΣ

σὺ μαλθακίζου, τὴν δ' ἐμὴν αὐθαδίαν
ὀργῆς τε τραχύτητα μὴ 'πίπλησσέ μοι. 80

PODER
De novo hesitas? Choras o inimigo
de Zeus? Não caia sobre ti teu pranto.

HEFESTO
A cena que tu vês corrói a vista.

PODER
Não. Vejo-o recebendo o merecido. 70
Aperta mais a cinta em torno aos rins.

HEFESTO
Sei bem o meu papel; não me pressiones.

PODER
Minha voz tem o timbre de um açoite.
Embaixo! Cinge com vigor a coxa.

HEFESTO
Missão cumprida e sem maior fadiga. 75

PODER
Perfura agora os pés com arrebites!
Quem avalia teu labor é duro.

HEFESTO
Tua língua repercute em tua figura.

PODER
Frouxo, não venhas reprovar-me a fibra,
tampouco meu temperamento cáustico. 80

ΉΦΑΙΣΤΟΣ
στείχωμεν, ὡς κώλοισιν ἀμφίβληστρ' ἔχει.

ΚΡΑΤΟΣ
ἐνταῦθα νῦν ὕβριζε καὶ θεῶν γέρα
συλῶν ἐφημέροισι προστίθει. τί σοι
οἷοί τε θνητοὶ τῶνδ' ἀπαντλῆσαι πόνων;
ψευδωνύμως σε δαίμονες Προμηθέα   85
καλοῦσιν· αὐτὸν γάρ σε δεῖ προμηθέως,
ὅτῳ τρόπῳ τῆσδ' ἐκκυλισθήσῃ τέχνης.

ΠΡΟΜΗΘΕΥΣ
ὦ δῖος αἰθὴρ καὶ ταχύπτεροι πνοαί,
ποταμῶν τε πηγαί, ποντίων τε κυμάτων
ἀνήριθμον γέλασμα, παμμῆτόρ τε γῆ,   90
καὶ τὸν πανόπτην κύκλον ἡλίου καλῶ.
ἴδεσθέ μ' οἷα πρὸς θεῶν πάσχω θεός.
δέρχθηθ' οἵαις αἰκείαισιν
διακναιόμενος τὸν μυριετῆ
χρόνον ἀθλεύσω.   95
τοιόνδ' ὁ νέος ταγὸς μακάρων
ἐξηῦρ' ἐπ' ἐμοὶ δεσμὸν ἀεικῆ.
φεῦ φεῦ, τὸ παρὸν τό τ' ἐπερχόμενον
πῆμα στενάχω, πῇ ποτε μόχθων
χρὴ τέρματα τῶνδ' ἐπιτεῖλαι.   100
καίτοι τί φημι; πάντα προυξεπίσταμαι
σκεθρῶς τὰ μέλλοντ', οὐδέ μοι ποταίνιον
πῆμ' οὐδὲν ἥξει. τὴν πεπρωμένην δὲ χρὴ
αἶσαν φέρειν ὡς ῥᾷστα, γιγνώσκονθ' ὅτι
τὸ τῆς ἀνάγκης ἔστ' ἀδήριτον σθένος.   105
ἀλλ' οὔτε σιγᾶν οὔτε μὴ σιγᾶν τύχας

HEFESTO
Vamos! Não movimenta mais os membros.

PODER [a Prometeu]
Insulta agora do alto! Furta prêmios
divinos e transfere-os aos efêmeros!
Abrandam os mortais a tua pena?
Os numes se equivocam no teu nome: 85
Prometeu? Quem te fez a vã promessa
de desatar o nó que te tolheu?

[Saem Hefesto, Poder e Força]

PROMETEU
Ventos alivelozes, ar divino,
fontes dos rios, inúmeros sorrisos
de ondas salinas, Terra, mãe-de-todos, 90
eu vos invoco e ao Sol, visão total
no disco: sofre um deus, oprimem deuses.
Vede o tamanho das afrontas
sem esperança acumulando-se.
Há um novo líder entre os deuses; 95
ele é o autor do meu suplício.
Pelo futuro se projeta
o lamento que cresce em mim:
desconheço se há data certa
em que será suspensa a pena. 100
Deliro! Do que advém estou ciente:
nenhuma pena chega-me imprevista.
Fundamental levar de modo leve
o destino fixado pelo fado,
sabendo que o vigor do Necessário 105
não vacila. Pois é igual dizer

οἷόν τέ μοι τάσδ' ἐστί. θνητοῖς γὰρ γέρα
πορὼν ἀνάγκαις ταῖσδ' ἐνέζευγμαι τάλας.
ναρθηκοπλήρωτον δὲ θηρῶμαι πυρὸς
πηγὴν κλοπαίαν, ἣ διδάσκαλος τέχνης 110
πάσης βροτοῖς πέφηνε καὶ μέγας πόρος.
τοιῶνδε ποινὰς ἀμπλακημάτων τίνω
ὑπαιθρίοις δεσμοῖς πεπασσαλευμένος.
ἆ ἆ ἔα ἔα.
τίς ἀχώ, τίς ὀδμὰ προσέπτα μ' ἀφεγγής, 115
θεόσυτος, ἢ βρότειος, ἢ κεκραμένη;
ἵκετο τερμόνιον ἐπὶ πάγον
πόνων ἐμῶν θεωρός, ἢ τί δὴ θέλων;
ὁρᾶτε δεσμώτην με δύσποτμον θεόν
τὸν Διὸς ἐχθρόν, τὸν πᾶσι θεοῖς 120
δι' ἀπεχθείας ἐλθόνθ' ὁπόσοι
τὴν Διὸς αὐλὴν εἰσοιχνεῦσιν,
διὰ τὴν λίαν φιλότητα βροτῶν.
φεῦ φεῦ, τί ποτ' αὖ κινάθισμα κλύω
πέλας οἰωνῶν; αἰθὴρ δ' ἐλαφραῖς 125
πτερύγων ῥιπαῖς ὑποσυρίζει.
πᾶν μοι φοβερὸν τὸ προσέρπον.

ΧΟΡΟΣ
μηδὲν φοβηθῇς· φιλία Est. 1
γὰρ ἅδε τάξις πτερύγων
θοαῖς ἁμίλλαις προσέβα
τόνδε πάγον, πατρῴας 130
μόγις παρειποῦσα φρένας.
κραιπνοφόροι δέ μ' ἔπεμψαν αὖραι·
κτύπου γὰρ ἀχὼ χάλυβος
διῇξεν ἄντρων μυχόν, ἐκ

ou silenciar a minha própria sina.
Premiei os homens e a fatalidade
me preme com seu jugo. O oco da férula
enchi, roubei da foz furtivo fogo, 110
que toda a técnica aos mortais ensina,
máxima fonte. E pago esse delito,
ao relento, no insulto das algemas.
Ai! Estranho rumor!
Aroma sem figura me circunda. 115
Divino, humano ou humano-divino?
Chega ao cume da rocha derradeira
algum espectador de minhas penas?
Aprisionado, vês um deus soturno,
que odeia Zeus, cuspindo fel 120
em quem partilha do seu paço.
Me liga aos homens forte liame.
Fora! Fora! Um arrulho alado
revoa agora a meu redor!
O rápido bater das asas 125
ocupa a atmosfera calma.
Quem se aproxima me exaspera.

   [Entra o coro das Oceânides]

CORO
Não há razão para o temor! Est. 1
Com ruflos de asas rápidas,
a turba solidária
faz pouso nesta pedra. 130
Duríssimo dobrar
os desígnios paternos.
Me trouxe a brisa, célere.
O eco do aço ressoou

δ' ἔπληξέ μου τὰν θεμερῶπιν αἰδῶ·
σύθην δ' ἀπέδιλος
ὄχῳ πτερωτῷ. 135

ΠΡΟΜΗΘΕΥΣ
αἰαῖ αἰαῖ,
τῆς πολυτέκνου Τηθύος ἔκγονα,
τοῦ περὶ πᾶσάν θ' εἱλισσομένου
χθόν' ἀκοιμήτῳ ῥεύματι παῖδες
πατρὸς, Ὠκεανοῦ, δέρχθητ', ἐσίδεσθ' 140
οἵῳ δεσμῷ, προσπορπατὸς
τῆσδε φάραγγος σκοπέλοις ἐν ἄκροις
φρουρὰν ἄζηλον ὀχήσω.

ΧΟΡΟΣ
λεύσσω, Προμηθεῦ· φοβερὰ Ant. 1
δ' ἐμοῖσιν ὄσσοις ὀμίχλα 145
προσῇξε πλήρης δακρύων
σὸν δέμας εἰσιδούσᾳ
πέτραις προσαυαινόμενον
ταῖσδ' ἀδαμαντοδέτοισι λύμαις.
νέοι γὰρ οἰακονόμοι
κρατοῦσ', Ὀλύμπου· νεοχμοῖς
δὲ δὴ νόμοις Ζεὺς ἀθέτως κρατύνει. 150
τὰ πρὶν δὲ πελώρια
νῦν ἀιστοῖ.

ΠΡΟΜΗΘΕΥΣ
εἰ γάρ μ' ὑπὸ γῆν νέρθεν θ' Ἅιδου
τοῦ νεκροδέγμονος εἰς ἀπέρατον
Τάρταρον ἧκεν, δεσμοῖς ἀλύτοις 155
ἀγρίως πελάσας, ὡς μήτε θεὸς

nos ângulos da gruta:
fugiu-me a timidez.
Corri descalça ao carro. 135

PROMETEU

Ai!
Filhas de Tétis, prole imensa,
filhas do Oceano, que ao redor
da terra move o rio insone,
olhai: no pico mais agudo 140
da rocha eu monto sentinela,
sob o arrebite deste ferro.
Alguém inveja o meu lugar?

CORO

Eu vejo, Prometeu: Ant. 1
uma neblina amarga 145
de lágrimas me assoma aos olhos
ao ver teu corpo ressecando
no pétreo topo,
em tais ultrajes de aço.
Piloto novo rege o Olimpo.
Com normas novas Zeus governa
sem parâmetro algum 150
e os prodígios de outrora
agora ele os abole.

PROMETEU

Se me lançasse terra abaixo,
ao Hades, anfitrião de mortos,
ao Tártaro, lugar sem fim, 155
no emaranhado das amarras:

27

μήτε τις ἄλλος τοῖσδ' ἐπεγήθει.
νῦν δ' αἰθέριον κίνυγμ' ὁ τάλας
ἐχθροῖς ἐπίχαρτα πέπονθα.

ΧΟΡΟΣ

τίς ὧδε τλησικάρδιος Est. 2
θεῶν, ὅτῳ τάδ' ἐπιχαρῇ; 161
τίς οὐ ξυνασχαλᾷ κακοῖς
τεοῖσι, δίχα γε Διός; ὁ δ' ἐπικότως ἀεὶ
θέμενος ἄγναμπτον νόον
δάμναται Οὐρανίαν
γένναν, οὐδὲ λήξει, 165
πρὶν ἂν ἢ κορέσῃ κέαρ ἢ παλάμᾳ τινὶ
τὰν δυσάλωτον ἕλῃ
  τις ἀρχάν.

ΠΡΟΜΗΘΕΥΣ

ἦ μὴν ἔτ' ἐμοῦ, καίπερ κρατεραῖς
ἐν γυιοπέδαις αἰκιζομένου,
χρείαν ἕξει μακάρων πρύτανις,
δεῖξαι τὸ νέον βούλευμ' ὑφ' ὅτου 170
σκῆπτρον τιμάς τ' ἀποσυλᾶται.
καί μ' οὔτι μελιγλώσσοις πειθοῦς
ἐπαοιδαῖσιν θέλξει, στερεάς τ'
οὔποτ' ἀπειλὰς πτήξας τόδ' ἐγὼ
καταμηνύσω, πρὶν ἂν ἐξ ἀγρίων 175
δεσμῶν χαλάσῃ ποινάς τε τίνειν
τῆσδ' αἰκείας ἐθελήσῃ.

ΧΟΡΟΣ

σὺ μὲν θρασύς τε καὶ πικραῖς Ant. 2
δύαισιν οὐδὲν ἐπιχαλᾷς,

nem deus, ninguém, se alegraria.
Sob os giros da aragem, fere-me
agora o riso do inimigo.

CORO
Um outro coração Est. 2
de pedra ri no Olimpo? 161
Quem menospreza teu
martírio exceto Zeus?
Rancor no duro imo,
humilha a raça urânica.
Só perderá o poder
por golpe ou por fastio; 165
de outro modo seu
caminho é inacessível.

PROMETEU
Sob a vergonha das algemas,
meus préstimos serão lembrados,
quando o maior dos Venturosos
se perguntar que novo plano 170
lhe ameaça o cetro e as honrarias.
Então o embalo de uma língua
melíflua não me irá dobrar,
tampouco o medo de castigos
há de fazer com que eu me abra, 175
até que solte os elos ásperos
e aceite reparar a injúria.

CORO
Surpreende o teu arroubo. Ant. 2
Não cedes à desgraça:

ἄγαν δ' ἐλευθεροστομεῖς.
ἐμὰς δὲ φρένας ἐρέθισε διάτορος φόβος·
δέδια δ' ἀμφὶ σαῖς τύχαις,
πᾶ ποτε τῶνδε πόνων
χρή σε τέρμα κέλσαντ'
ἐσιδεῖν· ἀκίχητα γὰρ ἤθεα καὶ κέαρ
ἀπαράμυθον ἔχει
    Κρόνου παῖς.

ΠΡΟΜΗΘΕΥΣ
οἶδ' ὅτι τραχὺς καὶ παρ' ἑαυτῷ
τὸ δίκαιον ἔχων Ζεύς. ἀλλ' ἔμπας ὀίω
μαλακογνώμων
ἔσται ποθ', ὅταν ταύτῃ ῥαισθῇ·
τὴν δ' ἀτέραμνον στορέσας ὀργὴν
εἰς ἀρθμὸν ἐμοὶ καὶ φιλότητα
σπεύδων σπεύδοντί ποθ' ἥξει.

ΧΟΡΟΣ
πάντ' ἐκκάλυψον καὶ γέγων' ἡμῖν λόγον,
ποίῳ λαβών σε Ζεὺς ἐπ' αἰτιάματι,
οὕτως ἀτίμως καὶ πικρῶς αἰκίζεται·
δίδαξον ἡμᾶς, εἴ τι μὴ βλάπτει λόγῳ.

ΠΡΟΜΗΘΕΥΣ
ἀλγεινὰ μέν μοι καὶ λέγειν ἐστὶν τάδε,
ἄλγος δὲ σιγᾶν, πανταχῇ δὲ δύσποτμα.
ἐπεὶ τάχιστ' ἤρξαντο δαίμονες χόλου
στάσις τ' ἐν ἀλλήλοισιν ὠροθύνετο,
οἱ μὲν θέλοντες ἐκβαλεῖν ἕδρας Κρόνον,
ὡς Ζεὺς ἀνάσσοι δῆθεν, οἱ δὲ τοὔμπαλιν
σπεύδοντες, ὡς Ζεὺς μήποτ' ἄρξειεν θεῶν,

franqueza sem limite.
Me aturde um medo enorme,
tua sorte me tortura:
encontrarás um porto
onde vigore a paz?
Pois o filho de Cronos
tem modo pouco afável:
ninguém o persuade.

PROMETEU
Sei como Zeus é irascível,
faz da justiça seu capricho.
Mas quando naufragar, não mais
irá manter igual frieza.
A cólera terá passado
quando vier propor-me um pacto.
Me espelharei em sua pressa.

CORO
Revela tudo, conta teu segredo:
por que delito Zeus te impõe castigo
tão cruelmente, assim de modo indigno?
Se não te dói, clareia toda a história.

PROMETEU
Falar, calar, idêntico sofrer.
Meu mundo está contido na desgraça.
Quando explodiu a cólera dos deuses
e o ódio se alastrou por toda parte,
alguns já vendo Cronos destronado,
a fim de dar a Zeus o posto máximo,
outros se desdobrando pelo inverso,

ἐνταῦθ' ἐγὼ τὰ λῷστα βουλεύων πιθεῖν
Τιτᾶνας, Οὐρανοῦ τε καὶ Χθονὸς τέκνα, 205
οὐκ ἠδυνήθην. αἱμύλας δὲ μηχανὰς
ἀτιμάσαντες καρτεροῖς φρονήμασιν
ᾤοντ' ἀμοχθεὶ πρὸς βίαν τε δεσπόσειν·
ἐμοὶ δὲ μήτηρ οὐχ ἅπαξ μόνον Θέμις,
καὶ Γαῖα, πολλῶν ὀνομάτων μορφὴ μία, 210
τὸ μέλλον κραίνοιτο προυτεθεσπίκει,
ὡς οὐ κατ' ἰσχὺν οὐδὲ πρὸς τὸ καρτερόν
χρείη, δόλῳ δὲ τοὺς ὑπερσχόντας κρατεῖν.
τοιαῦτ' ἐμοῦ λόγοισιν ἐξηγουμένου
οὐκ ἠξίωσαν οὐδὲ προσβλέψαι τὸ πᾶν. 215
κράτιστα δή μοι τῶν παρεστώτων τότε
ἐφαίνετ' εἶναι προσλαβόντα μητέρα
ἑκόνθ' ἑκόντι Ζηνὶ συμπαραστατεῖν.
ἐμαῖς δὲ βουλαῖς Ταρτάρου μελαμβαθὴς
κευθμὼν καλύπτει τὸν παλαιγενῆ Κρόνον 220
αὐτοῖσι συμμάχοισι. τοιάδ' ἐξ ἐμοῦ
ὁ τῶν θεῶν τύραννος ὠφελημένος
κακαῖσι ποιναῖς ταῖσδέ μ' ἐξημείψατο.
ἔνεστι γάρ πως τοῦτο τῇ τυραννίδι
νόσημα, τοῖς φίλοισι μὴ πεποιθέναι. 225
ὃ δ' οὖν ἐρωτᾶτ', αἰτίαν καθ' ἥντινα
αἰκίζεταί με, τοῦτο δὴ σαφηνιῶ.
ὅπως τάχιστα τὸν πατρῷον ἐς θρόνον
καθέζετ', εὐθὺς δαίμοσιν νέμει γέρα

excedi-me em conselhos aos Titãs,[1]
da família telúrica e urânica.
Mas fracassou a minha iniciativa:
com sua mente truculenta, optam
pelo menor esforço da violência,
menosprezando métodos mais hábeis.
Minha mãe, Têmis, Terra, uma só forma
sob incontáveis nomes, muitas vezes
previra-me o perfil do vitorioso:
dominará quem apostar na astúcia,
não na força, voraz. É coisa certa.
Não mereceu escuta o que eu expunha.
Valia mais — os fatos eram óbvios —
unir-me a Zeus, sensível ao aceno
que me enviava, minha mãe ao lado.
Por meu conselho, o abismo — fundo negro —
do Tártaro encobriu o velho Cronos
com seus asseclas. O tirano olímpico,
em débito comigo, retribui
com a tortura vil a sua dívida.[2]
Desconfiar do amigo é uma doença
que jamais abandona a tirania.
O que indagas, a causa de tamanha
afronta, a isto eu me reporto agora.
No trono de seu pai sentou-se e logo
acumulou de honra os deuses todos,

---

[1] Os Titãs são irmãos de Cronos e tios de Zeus. É curioso notar que, diferentemente de Hesíodo, Ésquilo não faz qualquer menção ao pai de Prometeu (Jápeto), a seu irmão (Epimeteu), nem se refere à Pandora e ao sacrifício com que Prometeu tenta enganar Zeus.

[2] Também aqui a titanomaquia de Ésquilo não coincide com a de Hesíodo. Segundo este (*Teogonia*, vv. 634-8), Zeus é ajudado por Terra.

ἄλλοισιν ἄλλα καὶ διεστοιχίζετο 230
ἀρχήν· βροτῶν δὲ τῶν ταλαιπώρων λόγον
οὐκ ἔσχεν οὐδέν', ἀλλ' ἀιστώσας γένος
τὸ πᾶν ἔχρῃζεν ἄλλο φιτῦσαι νέον.
καὶ τοῖσιν οὐδεὶς ἀντέβαινε πλὴν ἐμοῦ.
ἐγὼ δ' ἐτόλμησ'· ἐξελυσάμην βροτοὺς 235
τὸ μὴ διαρραισθέντας εἰς Ἅιδου μολεῖν.
τῷ τοι τοιαῖσδε πημοναῖσι κάμπτομαι,
πάσχειν μὲν ἀλγεινaῖσιν, οἰκτραῖσιν δ' ἰδεῖν·
θνητοὺς δ' ἐν οἴκτῳ προθέμενος, τούτου τυχεῖν
οὐκ ἠξιώθην αὐτός, ἀλλὰ νηλεῶς 240
ὧδ' ἐρρύθμισμαι, Ζηνὶ δυσκλεὴς θέα.

ΧΟΡΟΣ

σιδηρόφρων τε κἀκ πέτρας εἰργασμένος
ὅστις, Προμηθεῦ, σοῖσιν οὐ συνασχαλᾷ
μόχθοις· ἐγὼ γὰρ οὔτ' ἂν εἰσιδεῖν τάδε
ἔχρῃζον εἰσιδοῦσά τ' ἠλγύνθην κέαρ. 245

ΠΡΟΜΗΘΕΥΣ

καὶ μὴν φίλοις γ' ἐλεινὸς εἰσορᾶν ἐγώ.

ΧΟΡΟΣ

μή πού τι προύβης τῶνδε καὶ περαιτέρω;

ΠΡΟΜΗΘΕΥΣ

θνητούς γ' ἔπαυσα μὴ προδέρκεσθαι μόρον.

ΧΟΡΟΣ

τὸ ποῖον εὑρὼν τῆσδε φάρμακον νόσου;

fixou a hierarquia em seu império.
Nenhuma só palavra reservou
aos homens humilhados. Imporia
outra raça, sobre essa, destroçada.
Ninguém o contestou, além de mim.
Tomei coragem: impedi que os homens
rolassem para o Hades aos pedaços.
Por isso pesa sobre mim duríssima
pena, que agride os olhos de quem vê.
Pioneiro em minha comoção humana,
a mim coube uma sorte inversa, ao ritmo
ímpio, cenário infame para Zeus.

CORO

Quem não se compadece de teus males
tem coração de pedra, feito em ferro.
Não os tivesse eu visto, Prometeu,
melhor. Meu coração se aperta ao vê-los.

PROMETEU

Sim, os amigos sofrem ao me ver.

CORO

Terás ido talvez ainda além?

PROMETEU

Aos mortais impedi prever a morte.

CORO

Curaste essa moléstia com que droga?

ΠΡΟΜΗΘΕΥΣ
τυφλὰς ἐν αὐτοῖς ἐλπίδας κατῴκισα.   250

ΧΟΡΟΣ
μέγ' ὠφέλημα τοῦτ' ἐδωρήσω βροτοῖς.

ΠΡΟΜΗΘΕΥΣ
πρὸς τοῖσδε μέντοι πῦρ ἐγώ σφιν ὤπασα.

ΧΟΡΟΣ
καὶ νῦν φλογωπὸν πῦρ ἔχουσ' ἐφήμεροι;

ΠΡΟΜΗΘΕΥΣ
ἀφ' οὗ γε πολλὰς ἐκμαθήσονται τέχνας.

ΧΟΡΟΣ
τοιοῖσδε δή σε Ζεὺς ἐπ' αἰτιάμασιν —   255

ΠΡΟΜΗΘΕΥΣ
αἰκίζεταί τε κοὐδαμῇ χαλᾷ κακῶν.

ΧΟΡΟΣ
οὐδ' ἔστιν ἄθλου τέρμα σοι προκείμενον;

ΠΡΟΜΗΘΕΥΣ
οὐκ ἄλλο γ' οὐδέν, πλὴν ὅταν κείνῳ δοκῇ.

PROMETEU
Cega esperança dei-lhes como dote.³

CORO
Proveitoso presente ao ser humano.

PROMETEU
O fogo pus também em suas mãos.

CORO
Os homens têm o fogo de olho rútilo?

PROMETEU
E as artes numerosas que ele ensina.

CORO
Com base em tais agravos é que Zeus...

PROMETEU
Me constrange e jamais relaxa a pena.

CORO
Tal prova não tem prazo definido?

PROMETEU
De ninguém mais depende, apenas dele.

---

³ Em Hesíodo (*Os trabalhos e os dias*, vv. 90-105), Esperança aparece ligada à Pandora, diferentemente do que ocorre aqui.

ΧΟΡΟΣ

δόξει δὲ πῶς; τίς ἐλπίς; οὐχ ὁρᾷς ὅτι
ἥμαρτες; ὡς δ' ἥμαρτες οὔτ' ἐμοὶ λέγειν 260
καθ' ἡδονὴν σοί τ' ἄλγος. ἀλλὰ ταῦτα μὲν
μεθῶμεν, ἄθλου δ' ἔκλυσιν ζήτει τινά.

ΠΡΟΜΗΘΕΥΣ

ἐλαφρὸν ὅστις πημάτων ἔξω πόδα
ἔχει παραινεῖν νουθετεῖν τε τὸν κακῶς
πράσσοντ'· ἐγὼ δὲ ταῦθ' ἅπαντ' ἠπιστάμην. 265
ἑκὼν ἑκὼν ἥμαρτον, οὐκ ἀρνήσομαι·
θνητοῖς ἀρήγων αὐτὸς ηὑρόμην πόνους.
οὐ μήν τι ποιναῖς γ' ᾠόμην τοίαισί με
κατισχνανεῖσθαι πρὸς πέτραις πεδαρσίοις,
τυχόντ' ἐρήμου τοῦδ' ἀγείτονος πάγου. 270
καί μοι τὰ μὲν παρόντα μὴ δύρεσθ' ἄχη,
πέδοι δὲ βᾶσαι τὰς προσερπούσας τύχας
ἀκούσαθ', ὡς μάθητε διὰ τέλους τὸ πᾶν.
πίθεσθέ μοι πίθεσθε, συμπονήσατε
τῷ νῦν μογοῦντι. ταὐτά τοι πλανωμένη 275
πρὸς ἄλλοτ' ἄλλον πημονὴ προσιζάνει.

ΧΟΡΟΣ

οὐκ ἀκούσαις ἐπεθώυξας
τοῦτο, Προμηθεῦ.
καὶ νῦν ἐλαφρῷ ποδὶ κραιπνόσυτον 280
θᾶκον προλιποῦσ', αἰθέρα θ' ἁγνὸν
πόρον οἰωνῶν, ὀκριοέσσῃ
χθονὶ τῇδε πελῶ, τοὺς σοὺς δὲ πόνους
χρῄζω διὰ παντὸς ἀκοῦσαι.

CORO
O quê? Na tua sorte ainda confias?
Erraste. Não percebes? Calo o erro; 260
ouvir te oprimiria. Deixa disso:
procura uma saída para a dor.

PROMETEU
Para o que tem os pés fora da liça,
é fácil criticar, aconselhar
quem age torto. Ciente, não errei 265
a contragosto. Odeio a hipocrisia:
valeu-me penas duras minha ajuda.
Não imaginava que uma tal tortura
me secaria sobre a rocha abrupta.
Me coube um cume ermo, sem vizinho. 270
Os meus males de agora não lamentes:
com pés na terra, tudo o que o destino
me guarda, escuta. Fica atenta a tudo.
Obedece! Obedece ao meu pedido.
Que o rogo de quem sofre atinja o alvo. 275
Troca de assento o azar, sem rota certa.

CORO
Nenhum ouvido mais disposto
para escutar-te, Prometeu.
De um só salto, abandonarei 280
este carro veloz e o ar,
sagrada trilha para os pássaros,
tocando o solo adverso. Quero
saber de tudo o que padeces.

   [Chega Oceano]

ΩΚΕΑΝΟΣ

ἥκω δολιχῆς τέρμα κελεύθου
διαμειψάμενος πρὸς σέ, Προμηθεῦ, 285
τὸν πτερυγωκῆ τόνδ' οἰωνὸν
γνώμῃ στομίων ἄτερ εὐθύνων·
ταῖς σαῖς δὲ τύχαις, ἴσθι, συναλγῶ.
τό τε γάρ με, δοκῶ, συγγενὲς οὕτως 290
ἐσαναγκάζει, χωρίς τε γένους οὐκ ἔστιν ὅτῳ
μείζονα μοῖραν νείμαιμ' ἢ σοί.
γνώσῃ δὲ τάδ' ὡς ἔτυμ', οὐδὲ μάτην
χαριτογλωσσεῖν ἔνι μοι· φέρε γὰρ
σήμαιν' ὅ τι χρή σοι συμπράσσειν· 295
οὐ γάρ ποτ' ἐρεῖς ὡς Ὠκεανοῦ
φίλος ἐστὶ βεβαιότερός σοι.

ΠΡΟΜΗΘΕΥΣ

ἔα· τί χρῆμα λεύσσω; καὶ σὺ δὴ πόνων ἐμῶν
ἥκεις ἐπόπτης; πῶς ἐτόλμησας, λιπὼν
ἐπώνυμόν τε ῥεῦμα καὶ πετρηρεφῆ 300
αὐτόκτιτ' ἄντρα, τὴν σιδηρομήτορα
ἐλθεῖν ἐς αἶαν; ἢ θεωρήσων τύχας
ἐμὰς ἀφῖξαι καὶ συνασχαλῶν κακοῖς;
δέρκου θέαμα, τόνδε τὸν Διὸς φίλον,
τὸν συγκαταστήσαντα τὴν τυραννίδα, 305
οἵαις ὑπ' αὐτοῦ πημοναῖσι κάμπτομαι.

ΩΚΕΑΝΟΣ

ὁρῶ, Προμηθεῦ, καὶ παραινέσαι γέ σοι
θέλω τὰ λῷστα, καίπερ ὄντι ποικίλῳ.
γίγνωσκε σαυτὸν καὶ μεθάρμοσαι τρόπους
νέους· νέος γὰρ καὶ τύραννος ἐν θεοῖς. 310
εἰ δ' ὧδε τραχεῖς καὶ τεθηγμένους λόγους

OCEANO
Estou chegando, deixo atrás
a longa estrada, Prometeu. 285
Seguiu a minha mente e não
o freio este ágil pássaro.
O teu destino me comove,
talvez por sermos consanguíneos. 290
Não. Mesmo sem o parentesco,
seria o meu apreço idêntico.
Só há verdade em minha fala,
eu não sou dado a vãs carícias.
Dize-me como te ajudar. 295
Quero te ouvir dizer: jamais
tive um amigo mais estreito.

PROMETEU
Não! Outro espectador do meu transtorno?
Que ousadia trocar o rio epônimo
e a caverna que se autopetrifica, 300
por esta terra de onde o ferro brota.
Vens como observador da minha sorte?
Para compartilhar da minha agrura?
Contempla o espetáculo: um amigo
de Zeus, coautor de sua tirania, 305
se curva ao sofrimento que ele impõe.

OCEANO
Eu vejo, Prometeu; embora não
te falte sutileza, ouve um conselho:
conhece-te a ti mesmo, adota modos
novos; é novo o chefe dos eternos. 310
Se cospes termos rudes, Zeus talvez

ῥίψεις, τάχ᾽ ἄν σου καὶ μακρὰν ἀνωτέρω
θακῶν κλύοι Ζεύς, ὥστε σοι τὸν νῦν ὄχλον
παρόντα μόχθων παιδιὰν εἶναι δοκεῖν.
ἀλλ᾽, ὦ ταλαίπωρ᾽, ἃς ἔχεις ὀργὰς ἄφες, 315
ζήτει δὲ τῶνδε πημάτων ἀπαλλαγάς.
ἀρχαῖ᾽ ἴσως σοι φαίνομαι λέγειν τάδε·
τοιαῦτα μέντοι τῆς ἄγαν ὑψηγόρου
γλώσσης, Προμηθεῦ, τἀπίχειρα γίγνεται.
σὺ δ᾽ οὐδέπω ταπεινὸς οὐδ᾽ εἴκεις κακοῖς, 320
πρὸς τοῖς παροῦσι δ᾽ ἄλλα προσλαβεῖν θέλεις.
οὔκουν ἔμοιγε χρώμενος διδασκάλῳ
πρὸς κέντρα κῶλον ἐκτενεῖς, ὁρῶν ὅτι
τραχὺς μόναρχος οὐδ᾽ ὑπεύθυνος κρατεῖ.
καὶ νῦν ἐγὼ μὲν εἶμι καὶ πειράσομαι 325
ἐὰν δύνωμαι τῶνδέ σ᾽ ἐκλῦσαι πόνων.
σὺ δ᾽ ἡσύχαζε μηδ᾽ ἄγαν λαβροστόμει.
ἢ οὐκ οἶσθ᾽ ἀκριβῶς ὢν περισσόφρων ὅτι
γλώσσῃ ματαίᾳ ζημία προστρίβεται;

ΠΡΟΜΗΘΕΥΣ
ζηλῶ σ᾽ ὁθούνεκ᾽ ἐκτὸς αἰτίας κυρεῖς 330
τούτων μετασχεῖν καὶ τετολμηκὼς ἐμοί.
καὶ νῦν ἔασον μηδέ σοι μελησάτω.
πάντως γὰρ οὐ πείσεις νιν· οὐ γὰρ εὐπιθής.
πάπταινε δ᾽ αὐτὸς μή τι πημανθῇς ὁδῷ.

ΩΚΕΑΝΟΣ
πολλῷ γ᾽ ἀμείνων τοὺς πέλας φρενοῦν ἔφυς 335
ἢ σαυτόν· ἔργῳ κοὐ λόγῳ τεκμαίρομαι.

ouça no alto, do topo de seu trono,
e os efeitos da cólera de agora
seriam tão somente brincadeira.
Infeliz! Abandona a truculência 315
que te domina, livra-te das penas.
Quem sabe a minha fala, Prometeu,
pareça a ti apenas velharia,
mas eis o ganho de uma língua altiva:
não te furtas à dor, nada te humilha, 320
ao sofrimento, pedes sempre mais.
Se me adotares como mestre, deixas
de desferir teus murros no aguilhão.
Verás que o duro rei não presta contas.
Eu digo adeus. Não medirei esforços 325
para te libertar desse castigo.
Fica quieto e teu ímpeto refreia.
Com tua mente refinada, ignoras
que o castigo persegue a língua solta?

PROMETEU

Só te posso invejar a liberdade, 330
pois tua ousadia foi igual à minha.[4]
Mas renuncia agora a teus desígnios:
não se convence alguém tão inflexível.
Cuidado! Não naufragues na viagem.

OCEANO

Pensas melhor nos outros do que em ti. 335
Teu ato me demonstra, não palavras.

---

[4] Referência provável a uma *Titanomaquia* perdida, na qual Oceano combateu ao lado de Prometeu.

ὁρμώμενον δὲ μηδαμῶς ἀντισπάσῃς.
αὐχῶ γὰρ αὐχῶ τήνδε δωρεὰν ἐμοὶ
δώσειν Δί', ὥστε τῶνδέ σ' ἐκλῦσαι πόνων.

ΠΡΟΜΗΘΕΥΣ
τὰ μὲν σ' ἐπαινῶ κοὐδαμῇ λήξω ποτέ· 340
προθυμίας γὰρ οὐδὲν ἐλλείπεις. ἀτὰρ
μηδὲν πόνει. μάτην γὰρ οὐδὲν ὠφελῶν
ἐμοὶ πονήσεις, εἴ τι καὶ πονεῖν θέλεις.
ἀλλ' ἡσύχαζε σαυτὸν ἐκποδὼν ἔχων·
ἐγὼ γὰρ οὐκ, εἰ δυστυχῶ, τοῦδ' εἵνεκα 345
θέλοιμ' ἂν ὡς πλείστοισι πημονὰς τυχεῖν.
οὐ δῆτ' ἐπεί με καὶ κασιγνήτου τύχαι
τείρουσ' Ἄτλαντος, ὃς πρὸς ἑσπέρους τόπους
ἕστηκε κίον' οὐρανοῦ τε καὶ χθονὸς
ὤμοις ἐρείδων, ἄχθος οὐκ εὐάγκαλον. 350
τὸν γηγενῆ τε Κιλικίων οἰκήτορα
ἄντρων ἰδὼν ᾤκτιρα, δάιον τέρας
ἑκατογκάρανον πρὸς βίαν χειρούμενον
Τυφῶνα θοῦρον· πᾶσιν ὅς ἀντέστη θεοῖς,
σμερδναῖσι γαμφηλαῖσι συρίζων φόβον· 355
ἐξ ὀμμάτων δ' ἤστραπτε γοργωπὸν σέλας,
ὡς τὴν Διὸς τυραννίδ' ἐκπέρσων βίᾳ·
ἀλλ' ἦλθεν αὐτῷ Ζηνὸς ἄγρυπνον βέλος,
καταιβάτης κεραυνὸς ἐκπνέων φλόγα,
ὃς αὐτὸν ἐξέπληξε τῶν ὑψηγόρων 360
κομπασμάτων. φρένας γὰρ εἰς αὐτὰς τυπεὶς
ἐφεψαλώθη κἀξεβροντήθη σθένος.
καὶ νῦν ἀχρεῖον καὶ παράορον δέμας
κεῖται στενωποῦ πλησίον θαλασσίου

Não queiras remover-me do caminho.
A mim por certo Zeus concede o prêmio
de desatar-te o nó do sofrimento.

PROMETEU

Teu zelo toca fundo, eu não esqueço.
Hei de louvá-lo sempre, eis meu intento.
Mas não canses por mim, pois o cansaço
não rende fruto algum, se é o que pretendes.
A ti preserva longe da querela.
Tocado pelo azar, eu não desejo
que mais azar vitime a outros mais.
Não. Já me basta a sorte má do Atlante,[5]
meu irmão: onde o sol se põe, sustém
nos ombros o pilar do Céu, da Terra,
para seus braços fardo pesadíssimo.
Sofri também pelo audacioso Tífon,
filho da Terra, morador das grutas
cilícias, duro monstro de cem testas,
combalido. Adversário dos olímpicos,
sibila horror do maxilar terrível.
Corusca chispas do sinistro olhar,
sonhando ver o império derruído.
Mas Zeus desfere então o dardo insone,
raio que exala fogo das alturas,
calando o destempero da soberba.
Golpeado bem nas vísceras, expira
em cinzas; seu vigor, o raio anula.
Desfigurado, massa inerte, onde
o mar estreita agora estira o corpo,

---

[5] Outra denominação de Atlas.

ἰπούμενος ῥίζαισιν Αἰτναίαις ὕπο· 365
κορυφαῖς δ' ἐν ἄκραις ἥμενος μυδροκτυπεῖ
Ἥφαιστος· ἔνθεν ἐκραγήσονταί ποτε
ποταμοὶ πυρὸς δάπτοντες ἀγρίαις γνάθοις
τῆς καλλικάρπου Σικελίας λευροὺς γύας·
τοιόνδε Τυφὼς ἐξαναζέσει χόλον 370
θερμοῖς ἀπλάτου βέλεσι πυρπνόου ζάλης,
καίπερ κεραυνῷ Ζηνὸς ἠνθρακωμένος.
σὺ δ' οὐκ ἄπειρος, οὐδ' ἐμοῦ διδασκάλου
χρῄζεις· σεαυτὸν σῷζ' ὅπως ἐπίστασαι·
ἐγὼ δὲ τὴν παροῦσαν ἀντλήσω τύχην, 375
ἔστ' ἂν Διὸς φρόνημα λωφήσῃ χόλου.

ΩΚΕΑΝΟΣ
οὔκουν, Προμηθεῦ, τοῦτο γιγνώσκεις, ὅτι
ὀργῆς νοσούσης εἰσὶν ἰατροὶ λόγοι;

ΠΡΟΜΗΘΕΥΣ
ἐάν τις ἐν καιρῷ γε μαλθάσσῃ κέαρ
καὶ μὴ σφριγῶντα θυμὸν ἰσχναίνῃ βίᾳ. 380

ΩΚΕΑΝΟΣ
ἐν τῷ προθυμεῖσθαι δὲ καὶ τολμᾶν τίνα
ὁρᾷς ἐνοῦσαν ζημίαν; δίδασκέ με.

sob a pressão do calcanhar do Etna. 365
Hefesto malha o ferro sobre o cume.
Daí um dia romperão torrentes
de lava a devorar ricas planícies
da Sicília; mandíbulas ferozes.
Embora calcinado pelo raio 370
de Zeus, o enfurecido Tífon cospe
dardos ígneos, faminto turbilhão
de chamas.[6] Mas não falo com novato.
Não careces de um mestre, sabes como
escapulir. Suporto o meu azar 375
até que Zeus modere a sua cólera.

OCEANO
Prometeu, desconheces a receita:
conversa cura o coração colérico?

PROMETEU
Sim. Se o remédio vem na hora certa,
sem agredir o intumescido âmago. 380

OCEANO
Mas não promete a tentativa? É crime?
Por que motivo então me furtaria?

---

[6] Hesíodo conclui a narração da luta de Zeus contra os deuses ctônicos mencionando o episódio de Tífon, que nasce da Terra, depois de Zeus expulsar os Titãs do Céu (*Teogonia*, vv. 820-68). Ésquilo pode ter se inspirado também em Píndaro, *Pítica*, 1, 15-28. Os gregos associavam a prisão de Tífon à erupção do vulcão do monte Etna ocorrida em 479 a.C., que destruiu a cidade de Catânia, reconstruída a seguir por Hierão, elogiado por Píndaro no poema citado.

ΠΡΟΜΗΘΕΥΣ
μόχθον περισσὸν κουφόνουν τ' εὐηθίαν.

ΩΚΕΑΝΟΣ
ἔα με τῇδε τῇ νόσῳ νοσεῖν, ἐπεὶ
κέρδιστον εὖ φρονοῦντα μὴ φρονεῖν δοκεῖν.   385

ΠΡΟΜΗΘΕΥΣ
ἐμὸν δοκήσει τἀμπλάκημ' εἶναι τόδε.

ΩΚΕΑΝΟΣ
σαφῶς μ' ἐς οἶκον σὸς λόγος στέλλει πάλιν.

ΠΡΟΜΗΘΕΥΣ
μὴ γάρ σε θρῆνος οὑμὸς εἰς ἔχθραν βάλῃ.

ΩΚΕΑΝΟΣ
ἦ τῷ νέον θακοῦντι παγκρατεῖς ἕδρας;

ΠΡΟΜΗΘΕΥΣ
τούτου φυλάσσου μή ποτ' ἀχθεσθῇ κέαρ.   390

ΩΚΕΑΝΟΣ
ἡ σή, Προμηθεῦ, συμφορὰ διδάσκαλος.

ΠΡΟΜΗΘΕΥΣ
στέλλου, κομίζου, σῷζε τὸν παρόντα νοῦν.

ΩΚΕΑΝΟΣ
ὁρμωμένῳ μοι τόνδ' ἐθώυξας λόγον.
λευρὸν γὰρ οἶμον αἰθέρος ψαίρει πτεροῖς

PROMETEU
Esforço inútil de cabeça ingênua.

OCEANO
Deixa-me adoecer dessa doença.
Ganha mais quem a mente dissimule.　　385

PROMETEU
Teu erro cairá na minha conta.

OCEANO
Traduzo a fala: volta para casa.

PROMETEU
Que não te custe um inimigo a lágrima.

OCEANO
Junto a quem goza de um mandato novo?

PROMETEU
Não convém irritar-lhe o coração.　　390

OCEANO
Teu infortúnio, Prometeu, me ensina.

PROMETEU
Parte! Mantém a intenção de agora.

OCEANO
Teu conselho me pega em movimento.
Quadrupedante o pássaro já roça

τετρασκελὴς οἰωνός· ἄσμενος δέ τἂν 395
σταθμοῖς ἐν οἰκείοισι κάμψειεν γόνυ.

ΧΟΡΟΣ

στένω σε τᾶς οὐλομένας τύχας, Προμηθεῦ· Est. 1
δακρυσίστακτα δ' ἀπ' ὄσσων
ῥαδινὰν λειβομένα ῥέος παρειὰν 400
νοτίοις ἔτεγξα παγαῖς·
ἀμέγαρτα γὰρ τάδε Ζεὺς
ἰδίοις νόμοις κρατύνων
ὑπερήφανον θεοῖς τοῖς
πάρος ἐνδείκνυσιν
  αἰχμάν. 405

πρόπασα δ' ἤδη στονόεν λέλακε χώρα, Ant. 1
μεγαλοσχήμονά ἀρχαιοπρεπῆ
στένουσι τὰν σὰν
ξυνομαιμόνων τε τιμάν, 410
ὁπόσοι τ' ἔποικον ἁγνᾶς
Ἀσίας ἔδος νέμονται,
μεγαλοστόνοισι σοῖς πήμασι
συγκάμνουσι
  θνατοί.

Κολχίδος τε γᾶς ἔνοικοι Est. 2
παρθένοι, μάχας ἄτρεστοι, 416
καὶ Σκύθης ὅμιλος, οἳ γᾶς

as asas pela trilha do ar diáfano. 395
Sonha dobrar o joelho em seu estábulo.

    [Sai Oceano]

CORO

Amargo é o teu revés: Est. 1
minhas pupilas frágeis,
vertendo gota a gota   400
intenso rio de lágrimas,
com suas fontes úmidas,
molharam minha face.
Zeus reina com leis próprias.
Contra os deuses de outrora
ergue a lança orgulhoso.   405

A terra toda geme.   Ant. 1
O teu antigo brilho,
o porte do teu posto,
toda-inteira lamenta,   410
e o azar dos teus irmãos.
Tua dor clamorosa,
o morador da Ásia,
sagrada região,
partilha ao nosso lado.

Choram também as virgens   Est. 2
cólquidas,[7] destemidas   416
na guerra, a horda cita,

---

[7] Referência às Amazonas, cf. vv. 723-8.

ἔσχατον τόπον ἀμφὶ Μαιῶτιν
ἔχουσι λίμναν,

Ἀραβίας τ' ἄρειον ἄνθος,   Ant. 2
ὑψίκρημνον οἳ πόλισμα   421
Καυκάσου πέλας νέμονται,
δάιος στρατός, ὀξυπρῴροισι
βρέμων ἐν αἰχμαῖς.

†μόνον δὴ πρόσθεν ἄλλον ἐν πόνοις   Est. 3
δαμέντ' ἀδαμαντοδέτοις   426
Τιτᾶνα λύμαις εἰσιδόμαν, θεόν,
Ἄτλαντος αἰὲν· ὑπέροχον σθένος κραταιόν,
ὃς οὐράνιόν τε πόλον
νώτοις στέγων ὑποστενάζει.†   430

βοᾷ δὲ πόντιος κλύδων   Ant. 3
ξυμπίτνων, στένει βυθός,
κελαινὸς δ' Ἄιδος ὑποβρέμει μυχὸς γᾶς,
παγαί θ' ἁγνορύτων ποταμῶν
στένουσιν ἄλγος οἰκτρόν.   435

ΠΡΟΜΗΘΕΥΣ
μή τοι χλιδῇ δοκεῖτε μηδ' αὐθαδίᾳ
σιγᾶν με· συννοίᾳ δὲ δάπτομαι κέαρ,
ὁρῶν ἐμαυτὸν ὧδε προυσελούμενον.
καίτοι θεοῖσι τοῖς νέοις τούτοις γέρα
τίς ἄλλος ἢ 'γὼ παντελῶς διώρισεν;   440
ἀλλ' αὐτὰ σιγῶ· καὶ γὰρ εἰδυίαισιν ἂν
ὑμῖν λέγοιμι· τἂν βροτοῖς δὲ πήματα
ἀκούσαθ', ὥς σφας νηπίους ὄντας τὸ πρὶν
ἔννους ἔθηκα καὶ φρενῶν ἐπηβόλους.

à margem do Meótis,
o mais longínquo lago,

os guerreiros da Arábia,   Ant. 2
em sua fortaleza   421
altíssima, do Cáucaso,
exército implacável
mantendo a lança em riste.

Eu vi um deus somente   Est. 3
dobrado pelo aço,   426
Atlas, Titã: o polo
do céu lhe oprime o dorso,
dolorosa pressão.   430

Com ronco forte tomba   Ant. 3
a onda, o abismo geme,
a gruta escura do Hades
murmura; rios sagrados
jorram: ressoam penas.   435

PROMETEU
Não calo por desdém ou por orgulho:
sujeito ao descalabro dos insultos,
remordo o coração em pensamento.
Além de mim, alguém mais definiu
prêmios a cada um dos novos deuses?   440
Seria redundante a minha fala.
Mas ouve o triste caso dos humanos:
seres ingênuos, ganham lucidez
por meu empenho e domam suas mentes.

λέξω δέ, μέμψιν οὔτιν' ἀνθρώποις ἔχων, 445
ἀλλ' ὧν δέδωκ' εὔνοιαν ἐξηγούμενος·
οἳ πρῶτα μὲν βλέποντες ἔβλεπον μάτην,
κλύοντες οὐκ ἤκουον, ἀλλ' ὀνειράτων
ἀλίγκιοι μορφαῖσι τὸν μακρὸν βίον
ἔφυρον εἰκῇ πάντα, κοὔτε πλινθυφεῖς 450
δόμους προσείλους, ᾖσαν, οὐ ξυλουργίαν·
κατώρυχες δ' ἔναιον ὥστ' ἀήσυροι
μύρμηκες ἄντρων ἐν μυχοῖς ἀνηλίοις.
ἦν δ' οὐδὲν αὐτοῖς οὔτε χείματος τέκμαρ
οὔτ' ἀνθεμώδους ἦρος οὔτε καρπίμου 455
θέρους βέβαιον, ἀλλ' ἄτερ γνώμης τὸ πᾶν
ἔπρασσον, ἔστε δή σφιν ἀντολὰς ἐγὼ
ἄστρων ἔδειξα τάς τε δυσκρίτους δύσεις.
καὶ μὴν ἀριθμόν, ἔξοχον σοφισμάτων,
ἐξηῦρον αὐτοῖς, γραμμάτων τε συνθέσεις, 460
μνήμην ἁπάντων, μουσομήτορ' ἐργάνην.
κἄζευξα πρῶτος ἐν ζυγοῖσι κνώδαλα
ζεύγλαισι δουλεύοντα σάγμασίν θ', ὅπως
θνητοῖς μεγίστων διάδοχοι μοχθημάτων
γένοινθ', ὑφ' ἅρμα τ' ἤγαγον φιληνίους 465
ἵππους, ἄγαλμα τῆς ὑπερπλούτου χλιδῆς.
θαλασσόπλαγκτα δ' οὔτις ἄλλος ἀντ' ἐμοῦ
λινόπτερ' ηὗρε ναυτίλων ὀχήματα.
τοιαῦτα μηχανήματ' ἐξευρὼν τάλας
βροτοῖσιν, αὐτὸς οὐκ ἔχω σόφισμ' ὅτῳ 470
τῆς νῦν παρούσης πημονῆς ἀπαλλαγῶ.

ΧΟΡΟΣ
πέπονθας αἰκὲς πῆμ'· ἀποσφαλεὶς φρενῶν
πλανᾷ, κακὸς δ' ἰατρὸς ὥς τις ἐς νόσον

Não os critico; apenas fique claro: 445
benevolência minha deu-lhes dádiva.
Se olhavam algo, eles nada viam,
não escutavam nada do que ouviam.
Ao longo de sua vida, embaralhavam
tudo ao acaso, símiles oníricos. 450
Desconheciam casas de tijolos
sob o sol e o trabalho na madeira.
Como formigas ágeis, sob a terra,
ocupavam o fundo das cavernas.
Nenhum sinal do inverno, da estação 455
das flores ou das frutas do verão.
Agiam sem pensar até eu mostrar-lhes
o difícil subir, descer, dos astros.
Inventei o prodígio das ciências —
o cálculo — e a combinação das letras, 460
memória, artífice de tudo, Musa.
Aos arreios e selas atrelei
os animais domados, substituindo
os homens na jornada. Conduzi
cavalos sob o carro. Aceitam rédeas, 465
ornamento onde impera o luxo extremo.
A alguém mais eles devem naves de asas
de linho, que vacilam pelo oceano?
Se fui autor de engenhos desse gênero
para os mortais, careço da ciência 470
que traga uma saída ao mal presente.

CORO
Sofres o imerecido. Em falso giras,
no desatino perdes o equilíbrio.

πεσὼν ἀθυμεῖς καὶ σεαυτὸν οὐκ ἔχεις
εὑρεῖν ὁποίοις φαρμάκοις ἰάσιμος. 475

ΠΡΟΜΗΘΕΥΣ

τὰ λοιπά μου κλύουσα θαυμάσῃ πλέον,
οἵας τέχνας τε καὶ πόρους ἐμησάμην.
τὸ μὲν μέγιστον, εἴ τις ἐς νόσον πέσοι,
οὐκ ἦν ἀλέξημ' οὐδέν, οὔτε βρώσιμον,
οὐ χριστόν, οὐδὲ πιστόν, ἀλλὰ φαρμάκων 480
χρείᾳ κατεσκέλλοντο, πρίν γ' ἐγώ σφισιν
ἔδειξα κράσεις ἠπίων ἀκεσμάτων,
αἷς τὰς ἁπάσας ἐξαμύνονται νόσους.
τρόπους τε πολλοὺς μαντικῆς ἐστοίχισα,
κἄκρινα πρῶτος ἐξ ὀνειράτων ἃ χρὴ 485
ὕπαρ γενέσθαι, κληδόνας τε δυσκρίτους
ἐγνώρισ' αὐτοῖς ἐνοδίους τε συμβόλους·
γαμψωνύχων τε πτῆσιν οἰωνῶν σκεθρῶς
διώρισ', οἵτινές τε δεξιοὶ φύσιν
εὐωνύμους τε, καὶ δίαιταν ἥντινα 490
ἔχουσ' ἕκαστοι, καὶ πρὸς ἀλλήλους τίνες
ἔχθραι τε καὶ στέργηθρα καὶ συνεδρίαι·
σπλάγχνων τε λειότητα, καὶ χροιὰν τίνα
ἔχουσ' ἂν εἴη δαίμοσιν πρὸς ἡδονὴν
χολή, λοβοῦ τε ποικίλην εὐμορφίαν. 495
κνίσῃ τε κῶλα συγκαλυπτὰ καὶ μακρὰν
ὀσφῦν πυρώσας δυστέκμαρτον ἐς τέχνην
ὥδωσα θνητούς, καὶ φλογωπὰ σήματα
ἐξωμμάτωσα, πρόσθεν ὄντ' ἐπάργεμα.
τοιαῦτα μὲν δὴ ταῦτ'· ἔνερθε δὲ χθονὸς 500
κεκρυμμέν', ἀνθρώποισιν ὠφελήματα,
χαλκόν, σίδηρον, ἄργυρον, χρυσόν τε τίς
φήσειεν ἂν πάροιθεν ἐξευρεῖν ἐμοῦ;

Como um doutor medíocre adoecido,
falhas ao prescrever a autocura. 475

PROMETEU
Ouvindo as outras artes e os demais
subterfúgios teu pasmo aumentará.
A principal: tão logo alguém caía
enfraquecido, nada o protegia:
unguento, dieta, nem sequer bebida. 480
A esse quadro fatal, eu combati
com drogas bem dosadas, salutares,
que expulsam todas as moléstias graves.
Classifiquei diversas profecias;
figuras da vigília destaquei 485
dos sonhos, decifrei rumores árduos
e os símbolos plantados nos caminhos.
Interpretei preciso o curso de aves
de unhas recurvas, tudo que anunciam:
bons augúrios, sinistros, quais seus hábitos 490
de vida, a mútua ira, o mútuo amor,
o pouso amigo sobre um mesmo ramo;
o liso, a superfície das entranhas,
que tom de cor agrada mais aos numes,
que brilho faz propícios bile e fígado. 495
Queimando coxas gordas, flancos longos,
introduzi os homens numa arte
de signos dificílimos: sinais
da chama, antes escuros, se elucidam.
Foi o que eu fiz. Alguém obteve antes 500
de mim o bronze, o ferro, a prata, o ouro,
preciosidades úteis aos humanos,
que até então no solo se escondiam?

οὐδείς, σάφ' οἶδα, μὴ μάτην φλύσαι θέλων.
βραχεῖ δὲ μύθῳ πάντα συλλήβδην μάθε, 505
πᾶσαι τέχναι βροτοῖσιν ἐκ Προμηθέως.

ΧΟΡΟΣ
μή νυν βροτοὺς μὲν ὠφέλει καιροῦ πέρα,
σαυτοῦ δ' ἀκήδει δυστυχοῦντος. ὡς ἐγὼ
εὔελπίς εἰμι τῶνδέ σ' ἐκ δεσμῶν ἔτι
λυθέντα μηδὲν μεῖον ἰσχύσειν Διός. 510

ΠΡΟΜΗΘΕΥΣ
οὐ ταῦτα ταύτῃ Μοῖρά πω τελεσφόρος
κρᾶναι πέπρωται, μυρίαις δὲ πημοναῖς
δύαις τε καμφθεὶς ὧδε δεσμὰ φυγγάνω·
τέχνη δ' ἀνάγκης ἀσθενεστέρα μακρῷ.

ΧΟΡΟΣ
τίς οὖν ἀνάγκης ἐστὶν οἰακοστρόφος; 515

ΠΡΟΜΗΘΕΥΣ
Μοῖραι τρίμορφοι μνήμονές τ' Ἐρινύες.

ΧΟΡΟΣ
τούτων ἄρα Ζεύς ἐστιν ἀσθενέστερος;

ΠΡΟΜΗΘΕΥΣ
οὔκουν ἂν ἐκφύγοι γε τὴν πεπρωμένην.

Mas a ninguém apraz a fala solta;
por isso sintetizo e me resumo: 505
o autor da arte humana é Prometeu.

CORO

Não ajudes além da conta os homens:
pesará sobre ti o desdém do azar.
O quanto pode Zeus, igual quinhão,
conseguirás, se dos grilhões te livras. 510

PROMETEU

Teremos tal desfecho? A Moira não
decidiu o final, dona do epílogo.
Virão torturas; só depois a fuga.
A arte fica aquém do Necessário.

CORO

E quem tem o timão do Necessário? 515

PROMETEU

Moiras triformes, Fúrias memoriosas.[8]

CORO

Então Zeus é mais fraco do que elas?

PROMETEU

Não fugiria ao Fado pré-fixado.

---

[8] Segundo Hesíodo (*Teogonia*, vv. 904-5), as deusas do destino são Cloto ("Fiandeira"), Laquesis ("Distribuidora") e Átropos ("Inflexível").

ΧΟΡΟΣ
τί γὰρ πέπρωται Ζηνὶ πλὴν ἀεὶ κρατεῖν;

ΠΡΟΜΗΘΕΥΣ
τοῦτ' οὐκέτ' ἂν πύθοιο μηδὲ λιπάρει. 520

ΧΟΡΟΣ
ἦ πού τι σεμνόν ἐστιν ὃ ξυναμπέχεις.

ΠΡΟΜΗΘΕΥΣ
ἄλλου λόγου μέμνησθε, τόνδε δ' οὐδαμῶς
καιρὸς γεγωνεῖν, ἀλλὰ συγκαλυπτέος
ὅσον μάλιστα· τόνδε γὰρ σῴζων ἐγὼ
δεσμοὺς ἀεικεῖς καὶ δύας ἐκφυγγάνω. 525

ΧΟΡΟΣ
μηδάμ' ὁ πάντα νέμων Est. 1
θεῖτ' ἐμᾷ γνώμᾳ κράτος ἀντίπαλον Ζεύς,
μηδ' ἐλινύσαιμι θεοὺς ὁσίαις
θοίναις ποτινισομένα 530
βουφόνοις παρ' Ὠκεανοῦ πατρὸς ἄσβεστον πόρον,
μηδ' ἀλίτοιμι λόγοις·
ἀλλά μοι τόδ' ἐμμένοι καὶ μήποτ' ἐκτακείη· 535

ἁδύ τι θαρσαλέαις Ant. 1
τὸν μακρὸν τείνειν βίον ἐλπίσι, φαναῖς
θυμὸν ἀλδαίνουσαν ἐν εὐφροσύναις.
φρίσσω δέ σε δερκομένα 540
μυρίοις μόχθοις διακναιόμενον.
Ζῆνα γὰρ οὐ τρομέων
ἰδίᾳ γνώμᾳ σέβῃ θνατοὺς ἄγαν, Προμηθεῦ.

CORO
O que foi dado a Zeus, senão reinar?

PROMETEU
Não posso divulgar. Perguntas muito. 520

CORO
Por certo escondes algo muito grave.

PROMETEU
Muda de assunto. Ainda não chegou
o instante mais propício. Urge ocultar
ao máximo. Guardando a informação
comigo, escapo da prisão indigna. 525

CORO
Que Zeus, mestre do mundo, nunca   Est. 1
declare guerra ao meu querer.
Que as festas sacras onde morre
o boi me levem logo aos deuses, 530
ao lado de meu pai, Oceano.
Que a língua não me torne ímpia.
Que em mim vigore tal princípio. 535

É doce delongar a vida   Ant. 1
na esperança em que se confia,
quando ao âmago nutre a luz
do júbilo. Ao ver tua ruína 540
estremeço. Enfrentas a Zeus,
sem medo. Estranho esse teu zelo
sem limite pelos efêmeros.

φέρ', ὅπως ἄχαρις χάρις, ὦ φίλος· Est. 2
εἰπὲ ποῦ τίς ἀλκά; 546
τίς ἐφαμερίων ἄρηξις; οὐδ' ἐδέρχθης
ὀλιγοδρανίαν ἄκικυν,
ἰσόνειρον, ᾇ τὸ φωτῶν
ἀλαὸν γένος ἐμπεποδισμένον; οὔποτε 550
τὰν Διὸς ἁρμονίαν
  θνατῶν
παρεξίασι βουλαί.

ἔμαθον τάδε σὰς προσιδοῦσ' ὀλοὰς Ant. 2
τύχας, Προμηθεῦ.
τὸ διαμφίδιον δέ μοι μέλος προσέπτα 555
τόδ' ἐκεῖνό θ', ὅ τ' ἀμφὶ
λουτρὰ καὶ λέχος σὸν ὑμεναίουν
ἰότατι γάμων, ὅτε τὰν ὁμοπάτριον ἕδνοις
ἄγαγες Ἡσιόναν
πειθὼν δάμαρτα
  κοινόλεκτρον. 560

ΙΩ
τίς γῆ; τί γένος; τίνα φῶ λεύσσειν
τόνδε χαλινοῖς ἐν πετρίνοισιν

Responde, amigo: na desgraça Est. 2
se colhe alguma graça? A força 546
humana tem qualquer valia?
Não vês que a estirpe cega
dos homens se equilibra
na languidez onírica? 550
O que o homem planeja
passará sempre à margem
do que Zeus organiza.

Ao ver tua sorte aziaga Ant. 2
eu soube disso, Prometeu.
Recorda-me outra melodia: 555
ao redor do teu banho, outrora,
do teu leito, animei as núpcias,
quando teus dotes conquistaram
Hesíone, minha irmã,
e um só leito acolheu
amorosos consortes. 560

[Entra Io]

IO[9]

Que raça, que país, que nome tem
o prisioneiro que a intempérie agride,

---

[9] A presença de Io (vv. 561-886) na peça é tão surpreendente quanto a de Oceano. Com participação discreta na história de Prometeu, ambos têm a função de acentuar a filantropia do personagem central. De acordo com o mito, Hera, com ciúmes de Zeus, transforma Io numa vaca, colocando-a sob a guarda do monstro Argos que, por sua vez, é morto por Hermes. Hera atormenta com um moscardo Io, que erra por diversos lugares até chegar ao Egito, onde dá à luz um filho de Zeus, Épafo. Héracles, responsável pelo fim dos tormentos de Prometeu, é descendente deste último personagem.

χειμαζόμενον; τίνος ἀμπλακίας
ποινὰς ὀλέκῃ; σήμηνον ὅποι
γῆς ἡ μογερὰ πεπλάνημαι. 565

ἆ ἆ, ἓ ἕ,
χρίει τις αὖ με τὰν τάλαιναν οἶστρος,
εἴδωλον Ἄργου γηγενοῦς,
ἄλευ' ἆ δᾶ· φοβοῦμαι
τὸν μυριωπὸν εἰσορῶσα βούταν.
ὁ δὲ πορεύεται δόλιον ὄμμ' ἔχων,
ὃν οὐδὲ κατθανόντα γαῖα κεύθει. 570
ἀλλ', ἐμὲ τὰν τάλαιναν
ἐξ ἐνέρων περῶν κυναγετεῖ, πλανᾷ
τε νῆστιν ἀνὰ τὰν παραλίαν ψάμμαν.

ὑπὸ δὲ κηρόπλαστος ὀτοβεῖ δόναξ Est.
ἀχέτας ὑπνοδόταν νόμον· 575
ἰὼ ἰὼ πόποι,
ποῖ μ' ἄγουσι τηλέπλαγκτοι πλάναι;
τί ποτέ μ', ὦ Κρόνιε παῖ, τί ποτε ταῖσδ'
ἐνέζευξας εὑρὼν ἁμαρτοῦσαν ἐν
πημοναῖσιν; ἒ ἔ,
οἰστρηλάτῳ δὲ δείματι δειλαίαν 580
παράκοπον ὧδε τείρεις;
πυρί με φλέξον, ἢ χθονὶ κάλυψον, ἢ
ποντίοις δάκεσι δὸς βοράν,
μηδέ μοι φθονήσῃς
εὐγμάτων, ἄναξ.
ἄδην με πολύπλανοι πλάναι 585
γεγυμνάκασιν,
 οὐδ' ἔχω μαθεῖν ὅπα
πημονὰς ἀλύξω.

com aço preso à pedra? Que erros graves
explicam os suplícios que tu expias?
Por onde eu me extravio dolorida? 565

Ai!
De novo o moscardo me fere,
sombra de Argos, filho da Terra.
Terra, me ajuda. Tremo ao ver
as mil retinas do vaqueiro.
Com mirada pérfida avança,
pois nem morto a terra o oculta. 570
Sai do inferno e vem à caça
desta infeliz desnorteada,
faminta a vagar pela praia.

Com cera nos encaixes, Est.
a flauta ecoa o som dormente. 575
Ai!
Por onde o descaminho
me faz rondar sem rumo?
Cronida, que erro meu
explica este martírio?
Oprimes com terror 580
— frenético ferrão —
uma mulher sem siso.
Que teu fogo me queime,
que a terra me acoberte,
me tenham no repasto
duros monstros marinhos; 585
aceita, rei, meu rogo.
Sei bem como extenua
andar ao léu; fugir

κλύεις φθέγμα
   τᾶς βούκερω παρθένου;

ΠΡΟΜΗΘΕΥΣ
πῶς δ' οὐ κλύω τῆς οἰστροδινήτου κόρης,
τῆς Ἰναχείας; ἣ Διὸς θάλπει κέαρ 590
ἔρωτι, καὶ νῦν τοὺς ὑπερμήκεις δρόμους
Ἥρᾳ στυγητὸς πρὸς βίαν γυμνάζεται.

ΙΩ
πόθεν ἐμοῦ σὺ πατρὸς ὄνομ' ἀπύεις; Ant.
εἰπέ μοι τᾷ μογερᾷ τίς ὤν;
τίς ἄρα μ', ὦ τάλας,
τὰν τάλαιναν ὧδ' ἔτυμα προσθροεῖς; 595
θεόσυτόν τε νόσον ὠνόμασας,
ἃ μαραίνει με χρίουσα κέντροις,
ἰώ, φοιταλέοισιν
ἒ ἔ·
σκιρτημάτων δὲ νήστισιν αἰκείαις
λαβρόσυτος ἦλθον, Ἥρας 600
ἐπικότοισι μήδεσι δαμεῖσα.
δυσδαιμόνων δὲ τίνες οἵ, ἒ ἔ,
οἷ' ἐγὼ μογοῦσιν;
ἀλλά μοι τορῶς
τέκμηρον ὅ τι μ' ἐπαμμένει 605
παθεῖν, τί μῆχαρ, ἢ τί φάρμακον νόσου,
δεῖξον, εἴπερ οἶσθα·
θρόει, φράζε
   τᾷ δυσπλάνῳ παρθένῳ.

ΠΡΟΜΗΘΕΥΣ
λέξω τορῶς σοι πᾶν ὅπερ χρῄζεις μαθεῖν,

dos males não me é dado. Escutas
o rogo da moça bicorne?

PROMETEU

Como não, se o ferrão aturde a moça?
O amor chameja pela filha de Ínaco 590
no coração de Zeus. Hera lhe impõe
irada a fatigante correria.

IO
Sabes o nome de meu pai? Ant.
Responde a quem padece:
quem és tu, infeliz,
que acertas ao nomear 595
alguém tão infeliz,
a par do mal divino
que fere e me consome
com aguilhões acesos?
Dançarina demente,
marcam meus passos golpes ávidos: 600
sou fruto do rancor de Hera.
Duro castigo! Entre aziagos,
há sorte equiparável?
Indica sem rebuços
que mais tenho a sofrer. 605
Há droga que me cure?
Outro meio? Se sabes,
revela, grita à virgem
incerta no infortúnio.

PROMETEU
Direi o quanto almejas com clareza,

οὐκ ἐμπλέκων αἰνίγματ', ἀλλ' ἁπλῷ λόγῳ, 610
ὥσπερ δίκαιον πρὸς φίλους οἴγειν στόμα.
πυρὸς βροτοῖς δοτῆρ' ὁρᾷς Προμηθέα.

ΙΩ
ὦ κοινὸν ὠφέλημα θνητοῖσιν φανείς,
τλῆμον Προμηθεῦ, τοῦ δίκην πάσχεις τάδε;

ΠΡΟΜΗΘΕΥΣ
ἁρμοῖ πέπαυμαι τοὺς ἐμοὺς θρηνῶν πόνους. 615

ΙΩ
οὔκουν πόροις ἂν τήνδε δωρεὰν ἐμοί;

ΠΡΟΜΗΘΕΥΣ
λέγ' ἥντιν' αἰτῇ· πᾶν γὰρ ἂν πύθοιό μου.

ΙΩ
σήμηνον ὅστις ἐν φάραγγί σ' ὤχμασεν.

ΠΡΟΜΗΘΕΥΣ
βούλευμα μὲν τὸ Δῖον, Ἡφαίστου δὲ χείρ.

ΙΩ
ποινὰς δὲ ποίων ἀμπλακημάτων τίνεις; 620

ΠΡΟΜΗΘΕΥΣ
τοσοῦτον ἀρκῶ σοι σαφηνίσας μόνον.

ΙΩ
καὶ πρός γε τούτοις τέρμα τῆς ἐμῆς πλάνης
δεῖξον, τίς ἔσται τῇ ταλαιπώρῳ χρόνος.

direto, sem embaralhar enigmas, 610
como à boca fraterna é conveniente.
Sou Prometeu, que aos homens deu o fogo.

IO
O mundo teve a posse de algo útil.
Qual a causa, infeliz, de tais suplícios?

PROMETEU
Parei de repetir os meus lamentos. 615

IO
Não me concederias tal favor?

PROMETEU
Pergunta-me o que queres. Nada escondo.

IO
Quem foi que te prendeu na rocha íngreme?

PROMETEU
A vontade de Zeus, a mão de Hefesto.

IO
Por que crimes tu pagas com tais penas? 620

PROMETEU
Basta saber aquilo que eu já disse.

IO
O meu perambular, quando é que acaba?
Me indicarias isso, pelo menos?

ΠΡΟΜΗΘΕΥΣ
τὸ μὴ μαθεῖν σοι κρεῖσσον ἢ μαθεῖν τάδε.

ΙΩ
μήτοι με κρύψῃς τοῦθ' ὅπερ μέλλω παθεῖν. 625

ΠΡΟΜΗΘΕΥΣ
ἀλλ' οὐ μεγαίρω τοῦδέ σοι δωρήματος.

ΙΩ
τί δῆτα μέλλεις μὴ οὐ γεγωνίσκειν τὸ πᾶν;

ΠΡΟΜΗΘΕΥΣ
φθόνος μὲν οὐδείς, σὰς δ' ὀκνῶ θράξαι φρένας.

ΙΩ
μή μου προκήδου μᾶσσον ὡς ἐμοὶ γλυκύ.

ΠΡΟΜΗΘΕΥΣ
ἐπεὶ προθυμῇ, χρὴ λέγειν. ἄκουε δή. 630

ΧΟΡΟΣ
μήπω γε· μοῖραν δ' ἡδονῆς κἀμοὶ πόρε.
τὴν τῆσδε πρῶτον ἱστορήσωμεν νόσον,
αὐτῆς λεγούσης τὰς πολυφθόρους τύχας·
τὰ λοιπὰ δ' ἄθλων σοῦ διδαχθήτω πάρα.

ΠΡΟΜΗΘΕΥΣ
σὸν ἔργον, Ἰοῖ, ταῖσδ' ὑπουργῆσαι χάριν, 635
ἄλλως τε πάντως καὶ κασιγνήταις πατρός.
ὡς τἀποκλαῦσαι κἀποδύρασθαι τύχας

PROMETEU
Melhor desconhecer do que saber.

IO
Não me escondas o que eu devo passar. 625

PROMETEU
Não saberia recusar-te a dádiva.

IO
Por que não me anuncias tudo já?

PROMETEU
Apenas temo conturbar-te a mente.

IO
Pode ficar tranquilo. Quero ouvir-te.

PROMETEU
Se é esse o teu desejo, então escuta. 630

CORO
Ainda não! Partilha esse prazer:
que ela informe primeiro sua doença;
que relate sua sorte deplorável.
O restante do azar, saiba-o de ti.

PROMETEU
É teu dever satisfazê-las, Io. 635
Talvez deva lembrar-te: são tuas tias.
Chorar a própria sorte, lamentá-la,

ἐνταῦθ', ὅπου μέλλοι τις οἴσεσθαι δάκρυ
πρὸς τῶν κλυόντων, ἀξίαν τριβὴν ἔχει.

ΙΩ
οὐκ οἶδ' ὅπως ὑμῖν ἀπιστῆσαί με χρή, 640
σαφεῖ δὲ μύθῳ πᾶν ὅπερ προσχρῄζετε
πεύσεσθε· καίτοι καὶ λέγουσ' αἰσχύνομαι
θεόσσυτον χειμῶνα καὶ διαφθορὰν
μορφῆς, ὅθεν μοι σχετλίᾳ προσέπτατο.
αἰεὶ γὰρ ὄψεις ἔννυχοι πωλεύμεναι 645
ἐς παρθενῶνας τοὺς ἐμοὺς παρηγόρουν
λείοισι μύθοις· "Ὦ μέγ' εὔδαιμον κόρη,
τί παρθενεύει δαρόν, ἐξόν σοι γάμου
τυχεῖν μεγίστου; Ζεὺς γὰρ ἱμέρου βέλει
πρὸς σοῦ τέθαλπται καὶ συναίρεσθαι Κύπριν 650
θέλει· σὺ δ', ὦ παῖ, μὴ 'πολακτίσῃς λέχος
τὸ Ζηνός, ἀλλ' ἔξελθε πρὸς Λέρνης βαθὺν
λειμῶνα, ποίμνας βουστάσεις τε πρὸς πατρός,
ὡς ἂν τὸ Δῖον ὄμμα λωφήσῃ πόθου."
τοιοῖσδε πάσας εὐφρόνας ὀνείρασι 655
συνειχόμην δύστηνος, ἔστε δὴ πατρὶ
ἔτλην γεγωνεῖν νυκτίφοιτ' ὀνείρατα.
ὁ δ' ἔς τε Πυθὼ κἀπὶ Δωδώνης πυκνοὺς
θεοπρόπους ἴαλλεν, ὡς μάθοι τί χρὴ
δρῶντ' ἢ λέγοντα δαίμοσιν πράσσειν φίλα. 660
ἧκον δ' ἀναγγέλλοντες αἰολοστόμους
χρησμοὺς ἀσήμους δυσκρίτως τ' εἰρημένους.
τέλος δ' ἐναργὴς βάξις ἦλθεν Ἰνάχῳ

e ter em troca a lágrima do ouvinte
é um entretenimento muito digno.

10
Negar o que me pedem é impossível. 640
Em detalhe, relato ponto a ponto,
sem esconder contudo meu rubor:
despencou sobre mim uma tormenta
divina, o fim de minha antiga forma.
Sombras noturnas, volteando assíduas, 645
repetiam conselhos veludosos:
"Por que prolongas tua virgindade,
moça de sorte? Ao teu alcance estão
núpcias máximas. Arde em Zeus o amor
— dardo certeiro —; em ti vê Afrodite. 650
Não deves resistir ao leito dele.
Alcança Lerna, vai ao prado fértil,
onde teu pai tem pastos e estábulos:
que o olhar divino acalme o seu afã."
Noite a noite tais sonhos me assaltavam, 655
até que fui ao pai, contei-lhe eu mesma
as visões que tomavam minhas noites.
Para Delfos, Dodona, partem vários
consultores em busca de um informe:[10]
ato, palavra, o que era caro aos deuses? 660
Retornam com oráculos ambíguos,
expressos em linguagem desconexa.
Ínaco enfim acolhe um sinal claro.

---

[10] Em Delfos situava-se o oráculo pítico de Apolo; em Dodona, a oeste da Tessália, o de Zeus.

σαφῶς ἐπισκήπτουσα καὶ μυθουμένη
ἔξω δόμων τε καὶ πάτρας ὠθεῖν ἐμέ, 665
ἄφετον ἀλᾶσθαι γῆς ἐπ' ἐσχάτοις ὅροις·
κεἰ μὴ θέλοι, πυρωπὸν ἐκ Διὸς μολεῖν
κεραυνόν, ὃς πᾶν ἐξαϊστώσοι γένος.
τοιοῖσδε πεισθεὶς Λοξίου μαντεύμασιν
ἐξήλασέν με κἀπέκλῃσε δωμάτων 670
ἄκουσαν ἄκων· ἀλλ' ἐπηνάγκαζέ νιν
Διὸς χαλινὸς πρὸς βίαν πράσσειν τάδε.
εὐθὺς δὲ μορφὴ καὶ φρένες διάστροφοι
ἦσαν, κεραστὶς δ', ὡς ὁρᾶτ', ὀξυστόμῳ
μύωπι χρισθεῖσ' ἐμμανεῖ σκιρτήματι 675
ᾖσσον πρὸς εὔποτόν τε Κερχνείας ῥέος
Λέρνης τε κρήνην· βουκόλος δὲ γηγενὴς
ἄκρατος ὀργὴν Ἄργος ὡμάρτει, πυκνοῖς
ὄσσοις δεδορκὼς τοὺς ἐμοὺς κατὰ στίβους.
ἀπροσδόκητος δ' αὐτὸν ἀφνίδιος μόρος 680
τοῦ ζῆν ἀπεστέρησεν. οἰστροπλὴξ δ' ἐγὼ
μάστιγι θείᾳ γῆν πρὸ γῆς ἐλαύνομαι.
κλύεις τὰ πραχθέντ'· εἰ δ' ἔχεις εἰπεῖν ὅ τι
λοιπὸν πόνων, σήμαινε· μηδέ μ' οἰκτίσας
ξύνθαλπε μύθοις ψευδέσιν· νόσημα γὰρ 685
αἴσχιστον εἶναί φημι συνθέτους λόγους.

ΧΟΡΟΣ
ἔα ἔα, ἄπεχε, φεῦ·
οὔποτ' οὔποτ' ηὔχουν ὧδε ξένους

Ordena sem torneios que me expulsem
do palácio, de minha própria pátria, 665
errante e só até o fim do mundo.
Ou o raio de Zeus, feição de fogo,
fulminaria toda a nossa raça.
A nós ambos contrário, aceita o oráculo
de Lóxias e me expulsa do palácio,[11] 670
a entrada me lacrando. Com violência,
pelo freio de Zeus subjugado.
Transmudou-se-me a forma e logo a mente;
pelo agudo aguilhão azucrinada,
com meus chifres, lancei-me à foz do Lerna, 675
às águas de Cercneia, louco assalto.
Um infante da Terra, Argos, vaqueiro,
destemperado em seu furor sem freio,
espreitava-me os rastros, todo-olhos.[12]
Tirou-lhe a vida um fato inesperado. 680
Mas o açoite divino me persegue,
vítima do ferrão, por toda terra.
Sabes a minha história. Conta agora
o que mais vou sofrer. Dize! Condoído,
não deves me embalar na fala falsa, 685
pois para mim o engano é a pior moléstia.

CORO
É suficiente! Para! Basta!
Jamais, jamais imaginei

---

[11] Apolo recebe o epíteto de Lóxias ("Oblíquo") devido ao caráter ambíguo de seus oráculos.

[12] A pintura vascular representa Argos "panóptes" ("todo-olhos") com olhos espalhados pelo corpo. Ésquilo não cita Hermes, assassino do monstro.

μολεῖσθαι λόγους εἰς ἀκοὰν ἐμάν,
οὐδ' ὧδε δυσθέατα καὶ δύσοιστα 690
πήματα, λύματα, δείματα ἀμφάκει
κέντρῳ τύψειν ψυχὰν ἐμάν.
ἰὼ ἰὼ μοῖρα μοῖρα,
πέφρικ' εἰσιδοῦσα
πρᾶξιν Ἰοῦς. 695

ΠΡΟΜΗΘΕΥΣ
πρῴ γε στενάζεις καὶ φόβου πλέα τις εἶ·
ἐπίσχες ἔστ' ἂν καὶ τὰ λοιπὰ προσμάθῃς.

ΧΟΡΟΣ
λέγ', ἐκδίδασκε· τοῖς νοσοῦσί τοι γλυκὺ
τὸ λοιπὸν ἄλγος προυξεπίστασθαι τορῶς.

ΠΡΟΜΗΘΕΥΣ
τὴν πρίν γε χρείαν ἠνύσασθ' ἐμοῦ πάρα 700
κούφως· μαθεῖν γὰρ τῆσδε πρῶτ' ἐχρῄζετε
τὸν ἀμφ' ἑαυτῆς ἆθλον ἐξηγουμένης·
τὰ λοιπὰ νῦν ἀκούσαθ', οἷα χρὴ πάθη
τλῆναι πρὸς Ἥρας τήνδε τὴν νεάνιδα.
σύ τ' Ἰνάχειον σπέρμα, τοὺς ἐμοὺς λόγους 705
θυμῷ βάλ', ὡς ἂν τέρματ' ἐκμάθῃς ὁδοῦ.
πρῶτον μὲν ἐνθένδ' ἡλίου πρὸς ἀντολὰς
στρέψασα σαυτὴν στεῖχ' ἀνηρότους γύας·

ouvir história tão estranha:
torpor, pavor, tremor, terror, 690
insuportável, impossível,
estão meu âmago amargando
com o ferrão de dupla ponta.
Ai! Moira! Ai força do destino!
Io, tua sorte me comove! 695

PROMETEU
Imersa no pavor, tu choras cedo.
Espera até que o resto se esclareça.

CORO
Conta: é caro aos enfermos conhecer
de antemão o percurso de sua dor.

PROMETEU
Correspondi à altura ao teu primeiro 700
pedido, pois querias que ela mesma
expusesse em detalhes seus tormentos.
Ouve agora o restante, quanta dor
a moça vai passar — vontade de Hera.
Esta fala — me volto à filha de Ínaco — 705
grava e conhecerás o fim da viagem.[13]
Na direção do Oriente partirás,
atravessando campos não lavrados.

---

[13] "Delirante geografia poética", assim Thomson qualificou o mapa das regiões percorridas por Io. Os Cálibes aparecem a leste dos citas nômades, no norte do mar Negro; na verdade, ocupavam sua costa sudeste. As montanhas do Cáucaso são localizadas a noroeste do mar Negro, e não a leste. Sobre essa questão, ver Mark Griffith, *Aeschylus: Prometheus Bound*, Cambridge, Cambridge University Press, 1983, pp. 213-4.

Σκύθας δ' ἀφίξῃ νομάδας, οἳ πλεκτὰς στέγας
πεδάρσιοι ναίουσ' ἐπ' εὐκύκλοις ὄχοις 710
ἑκηβόλοις τόξοισιν ἐξηρτυμένοι·
οἷς μὴ πελάζειν, ἀλλ' ἁλιστόνοις πόδας
χρίμπτουσα ῥαχίαισιν ἐκπερᾶν χθόνα.
λαιᾶς δὲ χειρὸς οἱ σιδηροτέκτονες
οἰκοῦσι Χάλυβες, οὓς φυλάξασθαί σε χρή. 715
ἀνήμεροι γὰρ οὐδὲ πρόσπλατοι ξένοις.
ἥξεις δ' Ὑβριστὴν ποταμὸν οὐ ψευδώνυμον,
ὃν μὴ περάσῃς, οὐ γὰρ εὔβατος περᾶν,
πρὶν ἂν πρὸς αὐτὸν Καύκασον μόλῃς, ὀρῶν
ὕψιστον, ἔνθα ποταμὸς ἐκφυσᾷ μένος 720
κροτάφων ἀπ' αὐτῶν. ἀστρογείτονας δὲ χρὴ
κορυφὰς ὑπερβάλλουσαν ἐς μεσημβρινὴν
βῆναι κέλευθον, ἔνθ', Ἀμαζόνων στρατὸν
ἥξεις στυγάνορ', αἳ Θεμίσκυράν ποτε
κατοικιοῦσιν ἀμφὶ Θερμώδονθ', ἵνα 725
τραχεῖα πόντου Σαλμυδησσία γνάθος
ἐχθρόξενος ναύταισι, μητρυιὰ νεῶν·
αὗταί σ' ὁδηγήσουσι καὶ μάλ' ἀσμένως.
ἰσθμὸν δ' ἐπ' αὐταῖς στενοπόροις λίμνης πύλαις
Κιμμερικὸν ἥξεις, ὃν θρασυσπλάγχνως σε χρὴ 730
λιποῦσαν αὐλῶν' ἐκπερᾶν Μαιωτικόν·
ἔσται δὲ θνητοῖς εἰσαεὶ λόγος μέγας
τῆς σῆς πορείας, Βόσπορος δ' ἐπώνυμος
κεκλήσεται. λιποῦσα δ' Εὐρώπης πέδον
ἤπειρον ἥξεις Ἀσιάδ'. ἆρ', ὑμῖν δοκεῖ 735
ὁ τῶν θεῶν τύραννος ἐς τὰ πάνθ' ὁμῶς
βίαιος εἶναι; τῇδε γὰρ θνητῇ θεὸς

Verás os citas nômades. Suspensos
na morada de vime, se reclinam 710
em carros de tração robusta. Têm
arcos de longo curso. Fica longe!
Cruza o país por onde quebram ondas.
Os Cálibes, artífices do ferro,
estão à esquerda. Evita o seu contato, 715
pois são selvagens e recusam hóspedes.
Chegas ao rio da Hýbris, rio que faz
jus ao nome, pois dura é a travessia.
Prefere o pico máximo do Cáucaso.
Um rio exala ira de suas têmporas. 720
Cruza os cumes vizinhos das estrelas,
escolhe a estrada meridiana, onde
avistarás a tropa de Amazonas,
amarga aos homens. Tomarão um dia
Temíscira, nas margens do Termódon, 725
onde está Salmidéssia com mandíbulas
duras, infensa ao nauta, adversa ao barco.[14]
Hão de ser tuas guias de bom grado.
O istmo cimério vês. Seu lago
tem exíguos portais. Deixa-o de lado 730
sem vacilar e corta o estreito meótico.
Afamada será tua passagem
entre os humanos; Bósforo, o lugar
terá teu nome: Passo-da-Novilha.
Da Europa chegarás enfim à Ásia. 735
O tirano dos deuses não parece
igual no repartir sua violência?

---

[14] Ésquilo aproxima Temíscira (situada a 800 km a leste de Bizâncio) de Salmidéssia (80 km a noroeste de Bizâncio).

χρῄζων μιγῆναι τάσδ' ἐπέρριψεν πλάνας.
πικροῦ δ' ἔκυρσας, ὦ κόρη, τῶν σῶν γάμων
μνηστῆρος. οὓς γὰρ νῦν ἀκήκοας λόγους, 740
εἶναι δόκει σοι μηδέπω 'ν προοιμίοις.

ΙΩ
ἰώ μοί μοι, ἒ ἔ.

ΠΡΟΜΗΘΕΥΣ
σὺ δ' αὖ κέκραγας κἀναμυχθίζῃ; τί που
δράσεις, ὅταν τὰ λοιπὰ πυνθάνῃ κακά;

ΧΟΡΟΣ
ἦ γάρ τι λοιπὸν τῇδε πημάτων ἐρεῖς; 745

ΠΡΟΜΗΘΕΥΣ
δυσχείμερόν γε πέλαγος ἀτηρᾶς δύης.

ΙΩ
τί δῆτ' ἐμοὶ ζῆν κέρδος, ἀλλ' οὐκ ἐν τάχει
ἔρριψ' ἐμαυτὴν τῆσδ' ἀπὸ στύφλου πέτρας,
ὅπως πέδοι σκήψασα τῶν πάντων πόνων
ἀπηλλάγην; κρεῖσσον γὰρ εἰσάπαξ θανεῖν 750
ἢ τὰς ἁπάσας ἡμέρας πάσχειν κακῶς.

ΠΡΟΜΗΘΕΥΣ
ἦ δυσπετῶς ἂν τοὺς ἐμοὺς ἄθλους φέροις,
ὅτῳ θανεῖν μέν ἐστιν οὐ πεπρωμένον·
αὕτη γὰρ ἦν ἂν πημάτων ἀπαλλαγή·
νῦν δ' οὐδέν ἐστι τέρμα μοι προκείμενον 755
μόχθων, πρὶν ἂν Ζεὺς ἐκπέσῃ τυραννίδος.

Querendo a humana, transtornou-lhe a rota.
Coube a ti, moça, um duro pretendente.
O discurso que até agora ouviste — 740
imagina! — não foi sequer proêmio.

IO
Ui, ai, io!

PROMETEU
Grito e mugido novamente! O que
farias se soubesses todo o resto?

CORO
Do que tem a sofrer, ainda a informas? 745

PROMETEU
Um turvo oceano com ruínas cegas.

IO
Que dividendos me oferece a vida?
Um salto deste amargo precipício,
a queda abrupta contra o solo duro,
daria cabo ao mal acumulado. 750
Melhor morrer de vez à dor diária.

PROMETEU
O meu tormento não suportarias.
O destino não me permite a morte —
ao menos ao azar daria adeus.
Mas para minha dor não há epílogo 755
antes que Zeus decaia do seu trono.

ΙΩ
ἦ γάρ ποτ' ἔστιν ἐκπεσεῖν ἀρχῆς Δία;

ΠΡΟΜΗΘΕΥΣ
ἥδοι' ἄν, οἶμαι, τήνδ' ἰδοῦσα συμφοράν.

ΙΩ
πῶς δ' οὐκ ἄν, ἥτις ἐκ Διὸς πάσχω κακῶς;

ΠΡΟΜΗΘΕΥΣ
ὡς τοίνυν ὄντων τῶνδέ σοι μαθεῖν πάρα. 760

ΙΩ
πρὸς τοῦ τύραννα σκῆπτρα συληθήσεται;

ΠΡΟΜΗΘΕΥΣ
πρὸς αὐτὸς αὑτοῦ κενοφρόνων βουλευμάτων.

ΙΩ
ποίῳ τρόπῳ; σήμηνον, εἰ μή τις βλάβη.

ΠΡΟΜΗΘΕΥΣ
γαμεῖ γάμον τοιοῦτον ᾧ ποτ' ἀσχαλᾷ.

ΙΩ
θέορτον, ἢ βρότειον; εἰ ῥητόν, φράσον. 765

ΠΡΟΜΗΘΕΥΣ
τί δ' ὄντιν'; οὐ γὰρ ῥητὸν αὐδᾶσθαι τόδε.

ΙΩ
ἦ πρὸς δάμαρτος ἐξανίσταται θρόνων;

IO
Zeus cair do poder, isso é possível?

PROMETEU
Te encheria de júbilo o episódio.

IO
Pudera! Quem me causa estes tormentos?

PROMETEU
É lícito saber o que vai dar-se.   760

IO
Pois quem lhe tira então o cetro régio?

PROMETEU
Só ele, a insensatez dos seus projetos.

IO
Como? Se eu não insisto em demasia.

PROMETEU
Das núpcias lhe virá a perdição.

IO
Núpcias? Com deusa, com mortal? Dirias?   765

PROMETEU
Com quem? Não me é possível revelar.

IO
Quem o empurra do trono? Sua esposa?

ΠΡΟΜΗΘΕΥΣ
ἢ τέξεταί γε παῖδα φέρτερον πατρός.

ΙΩ
οὐδ' ἔστιν αὐτῷ τῆσδ' ἀποστροφὴ τύχης;

ΠΡΟΜΗΘΕΥΣ
οὐ δῆτα, πλὴν ἔγωγ' ἂν ἐκ δεσμῶν λυθείς.   770

ΙΩ
τίς οὖν ὁ λύσων ἐστὶν ἄκοντος Διός;

ΠΡΟΜΗΘΕΥΣ
τῶν σῶν τιν' αὐτὸν ἐγγόνων εἶναι χρεών.

ΙΩ
πῶς εἶπας; ἦ 'μὸς παῖς σ' ἀπαλλάξει κακῶν;

ΠΡΟΜΗΘΕΥΣ
τρίτος γε γένναν πρὸς δέκ' ἄλλαισιν γοναῖς.

ΙΩ
ἥδ' οὐκέτ' εὐξύμβλητος ἡ χρησμῳδία.   775

ΠΡΟΜΗΘΕΥΣ
καὶ μηδὲ σαυτῆς ἐκμαθεῖν ζήτει πόνους.

ΙΩ
μή μοι προτείνων κέρδος εἶτ' ἀποστέρει.

ΠΡΟΜΗΘΕΥΣ
δυοῖν λόγοιν σε θατέρῳ δωρήσομαι.

PROMETEU
Um mais forte que o pai dará à luz.

IO
E o pai não desviará esse desastre?

PROMETEU
Creio que não, enquanto eu fique preso. 770

IO
Quem virá libertar-te contra Zeus?

PROMETEU
Alguém em tua prole há de surgir.

IO
O quê? Um filho meu! Fim dos teus males!

PROMETEU
Da geração terceira após a décima.

IO
Profetizas além do compreensível. 775

PROMETEU
Não queiras conhecer tua ruína.

IO
Tu me acenas com lucro e então o tiras?

PROMETEU
De dois relatos, te ofereço um.

ΊΩ
ποίοιν; πρόδειξον, αϊρεσίν τ' έμοί δίδου.

ΠΡΟΜΗΘΕΥΣ
δίδωμ'· έλοῦ γάρ, ἢ πόνων τὰ λοιπά σοι 780
φράσω σαφηνῶς, ἢ τὸν ἐκλύσοντ' ἐμέ.

ΧΟΡΟΣ
τούτων σὺ τὴν μὲν τῇδε, τὴν δ' ἐμοὶ χάριν
θέσθαι θέλησον, μηδ' ἀτιμάσῃς λόγου·
καὶ τῇδε μὲν γέγωνε τὴν λοιπὴν πλάνην,
ἐμοὶ δὲ τὸν λύσοντα· τοῦτο γὰρ ποθῶ. 785

ΠΡΟΜΗΘΕΥΣ
ἐπεὶ προθυμεῖσθ', οὐκ ἐναντιώσομαι
τὸ μὴ οὐ γεγωνεῖν πᾶν ὅσον προσχρῄζετε.
σοὶ πρῶτον, Ἰοῖ, πολύδονον πλάνην φράσω,
ἣν ἐγγράφου σὺ μνήμοσιν δέλτοις φρενῶν.
ὅταν περάσῃς ῥεῖθρον ἠπείροιν ὅρον, 790
πρὸς ἀντολὰς φλογῶπας ἡλιοστιβεῖς
πόντου περῶσα φλοῖσβον, ἔστ' ἂν ἐξίκῃ
πρὸς Γοργόνεια πεδία Κισθήνης, ἵνα
αἱ Φορκίδες ναίουσι δηναιαὶ κόραι
τρεῖς κυκνόμορφοι, κοινὸν ὄμμ' ἐκτημέναι, 795
μονόδοντες, ἃς οὔθ' ἥλιος προσδέρκεται
ἀκτῖσιν οὔθ' ἡ νύκτερος μήνη ποτέ.
πέλας δ' ἀδελφαὶ τῶνδε τρεῖς κατάπτεροι,

IO
Quais? Aponta, permite que eu escolha.

PROMETEU
Escolhe: ou eu relato o que ainda sofres,   780
ou de quem me liberta eu mostro a face.

CORO
São favores que servem a destinos
diversos. Não desprezes o meu rogo:
a Io o que completa o seu desvio;
para mim, quem te livra. Eu quero isso.   785

PROMETEU
Se é esse o teu desejo, não me oponho
a revelar o que me foi pedido.
Por ti começo, Io. O descaminho,
inscreve-o linha a linha em teu espírito.
Depois do rio que corta Europa e Ásia,   790
pela nascente sonda o sol flamante,
cruzando o mar sem onda, até chegar
a Gorgônia, planície de Cistene,
onde moram três virgens velhas, Fórcidas:
com físico de cisne, elas dividem   795
o mesmo olho, um dente tão somente.[15]
Não veem jamais o sol, sequer a lua.
Próximas, suas três irmãs aladas,

---

[15] Filhas do deus marinho Fórcis (filho de Ponto), as Graias (referidas no texto grego como Fórcidas) eram em número de três: Penfredó ("Vespa"), Enió ("Guerra") e Deinó ("Terror"). A comparação com o cisne talvez se deva à cor branca de seus cabelos.

δρακοντόμαλλοι Γοργόνες βροτοστυγεῖς,
ἃς θνητὸς οὐδεὶς εἰσιδὼν ἕξει πνοάς. 800
τοιοῦτο μέν σοι τοῦτο φρούριον λέγω·
ἄλλην δ' ἄκουσον δυσχερῆ θεωρίαν·
ὀξυστόμους γὰρ Ζηνὸς ἀκραγεῖς κύνας
γρῦπας φύλαξαι, τόν τε μουνῶπα στρατὸν
Ἀριμασπὸν ἱπποβάμον', οἳ χρυσόρρυτον 805
οἰκοῦσιν ἀμφὶ νᾶμα Πλούτωνος πόρου·
τούτοις σὺ μὴ πέλαζε. τηλουρὸν δὲ γῆν
ἥξεις, κελαινὸν φῦλον, οἳ πρὸς ἡλίου
ναίουσι πηγαῖς, ἔνθα ποταμὸς Αἰθίοψ.
τούτου παρ' ὄχθας ἕρφ', ἕως ἂν ἐξίκῃ 810
καταβασμόν, ἔνθα Βιβλίνων ὀρῶν ἄπο
ἵησι σεπτὸν Νεῖλος εὔποτον ῥέος.
οὗτός σ' ὁδώσει τὴν τρίγωνον ἐς χθόνα
Νειλῶτιν, οὗ δὴ τὴν μακρὰν ἀποικίαν,
Ἰοῖ, πέπρωται σοί τε καὶ τέκνοις κτίσαι. 815
τῶν δ' εἴ τί σοι ψελλόν τε καὶ δυσεύρετον,
ἐπανδίπλαζε καὶ σαφῶς ἐκμάνθανε·
σχολὴ δὲ πλείων ἢ θέλω πάρεστί μοι.

ΧΟΡΟΣ
εἰ μέν τι τῇδε λοιπὸν ἢ παρειμένον
ἔχεις γεγωνεῖν τῆς πολυφθόρου πλάνης, 820
λέγ'· εἰ δὲ πάντ' εἴρηκας, ἡμῖν αὖ χάριν
δὸς ἥνπερ αἰτούμεσθα, μέμνησαι δέ που.

as Górgonas, cabelos de serpentes,
horror dos homens: morre quem as vê. 800
Mantém distância dessas sentinelas.
De outra cena medonha te previne:
evita os Grifos, bicos afiadíssimos,
cães áfonos de Zeus. Foge do exército
dos Arimaspos com seu olho único.[16] 805
Moram sobre cavalos, junto ao rio
Fartura, cujas ondas levam ouro.
Chegarás a um país de homens negros,
onde o sol tem sua fonte e o rio Etíope.
Por sua borda avança à catarata 810
das montanhas Biblinas, onde o Nilo
desponta, água sagrada e cristalina.
Uma faixa de terra o rio triangula,
sede de uma colônia formidável
que a ti cabe fundar, junto a teus filhos. 815
Se em algo fui obscuro ou impreciso,
indaga novamente e guarda tudo:
a contragosto, eu tenho tempo livre.

CORO

Se falta algum aviso, por um lapso,
acerca do extravio tão dolorido, 820
nada lhe omitas. Tudo dito, então
corresponde ao que foi pedido antes.

---

[16] Segundo Heródoto (*Histórias*, 4.13 ss.), os Grifos e os Arimaspos (homens dotados de um só olho) teriam disputado o ouro da região da Sibéria. Para o historiador, a palavra *Arimaspos* teria origem cita.

ΠΡΟΜΗΘΕΥΣ

τὸ πᾶν πορείας ἥδε τέρμ' ἀκήκοεν.
ὅπως δ' ἂν εἰδῇ μὴ μάτην κλύουσά μου,
ἃ πρὶν μολεῖν δεῦρ' ἐκμεμόχθηκεν φράσω,
τεκμήριον τοῦτ' αὐτὸ δοὺς μύθων ἐμῶν.
ὄχλον μὲν οὖν τὸν πλεῖστον ἐκλείψω λόγων,
πρὸς αὐτὸ δ' εἶμι τέρμα σῶν πλανημάτων.
ἐπεὶ γὰρ ἦλθες πρὸς Μολοσσὰ γάπεδα,
τὴν αἰπύνωτόν τ' ἀμφὶ Δωδώνην, ἵνα
μαντεῖα θᾶκός τ' ἐστὶ Θεσπρωτοῦ Διός,
τέρας τ' ἄπιστον, αἱ προσήγοροι δρύες,
ὑφ' ὧν σὺ λαμπρῶς κοὐδὲν αἰνικτηρίως
προσηγορεύθης ἡ Διὸς κλεινὴ δάμαρ
μέλλουσ' ἔσεσθαι. τῶνδε προσσαίνει σέ τι;
ἐντεῦθεν οἰστρήσασα τὴν παρακτίαν
κέλευθον ᾖξας πρὸς μέγαν κόλπον Ῥέας,
ἀφ' οὗ παλιμπλάγκτοισι χειμάζῃ δρόμοις·
χρόνον δὲ τὸν μέλλοντα πόντιος μυχός,
σαφῶς ἐπίστασ', Ἰόνιος κεκλήσεται,
τῆς σῆς πορείας μνῆμα τοῖς πᾶσιν βροτοῖς.
σημεῖά σοι τάδ' ἐστὶ τῆς ἐμῆς φρενός,
ὡς δέρκεται πλέον τι τοῦ πεφασμένου.
τὰ λοιπὰ δ' ὑμῖν τῇδέ τ' ἐς κοινὸν φράσω,
ἐς ταὐτὸν ἐλθὼν τῶν πάλαι λόγων ἴχνος.

825

830

835

840

845

PROMETEU[17]
O que ela ouviu encerra sua viagem.
Comprovo a precisão de minha fala,
passando a relatar sua dor pretérita. 825
Verá que sua atenção não foi inútil.
Irei direto ao cerne do pesar,
sem detalhar meandros dessa história.
Recém-chegada à terra dos Molossos,
à beira do penhasco de Dodona,[18] 830
oráculo de Zeus Tesproto e trono:
falavam os carvalhos — um prodígio! —
e ouviste o que falavam sem enigmas:
"Serás a dama ilustre do Cronida."
Algum motivo para regozijo? 835
A insânia do ferrão te lança à trilha
costeira, ao golfo magistral de Reia.[19]
Te força a recuar uma intempérie.
No futuro, lembrando tua passagem,
o mundo todo irá chamar o golfo 840
de Iônio. Arrecada esta homenagem.
E assim deixo sinais que o meu espírito
consegue transpassar o que é visível.
Me volto agora a ambas para o resto,
repisando pegadas do discurso. 845

---

[17] A narrativa de Prometeu divide-se em três partes: entre os versos 823 e 843, fala das recentes desventuras de Io; entre 844 e 870, refere-se aos descendentes de Io; entre 871 e 876, esclarece a ligação que haverá entre Prometeu e Io.

[18] Homero também menciona este oráculo (*Ilíada*, XVI, 233-4, e *Odisseia*, XIV, 327-8), um dos mais importantes da Grécia. Sacerdotes de Zeus interpretavam o rumor das folhas dos carvalhos.

[19] O golfo de Reia é o mar Adriático.

ἔστιν πόλις Κάνωβος ἐσχάτη χθονός,
Νείλου πρὸς αὐτῷ στόματι καὶ προσχώματι·
ἐνταῦθα δή σε Ζεὺς τίθησιν ἔμφρονα
ἐπαφῶν ἀταρβεῖ χειρὶ καὶ θιγὼν μόνον.
ἐπώνυμον δὲ τῶν Διὸς γεννημάτων 850
τέξεις κελαινὸν Ἔπαφον, ὃς καρπώσεται
ὅσην πλατύρρους Νεῖλος ἀρδεύει χθόνα·
πέμπτη δ' ἀπ' αὐτοῦ γέννα πεντηκοντάπαις
πάλιν πρὸς Ἄργος οὐχ ἑκοῦσ' ἐλεύσεται
θηλύσπορος, φεύγουσα συγγενῆ γάμον 855
ἀνεψιῶν· οἱ δ' ἐπτοημένοι φρένας,
κίρκοι πελειῶν οὐ μακρὰν λελειμμένοι,
ἥξουσι θηρεύοντες οὐ θηρασίμους
γάμους, φθόνον δὲ σωμάτων ἕξει θεός·
Πελασγία δὲ δέξεται θηλυκτόνῳ 860
Ἄρει, δαμέντων νυκτιφρουρήτῳ θράσει.
γυνὴ γὰρ ἄνδρ' ἕκαστον αἰῶνος στερεῖ,
δίθηκτον ἐν σφαγαῖσι βάψασα ξίφος·
τοιάδ' ἐπ' ἐχθροὺς τοὺς ἐμοὺς ἔλθοι Κύπρις.
μίαν δὲ παίδων ἵμερος θέλξει τὸ μὴ 865
κτεῖναι σύνευνον, ἀλλ' ἀπαμβλυνθήσεται
γνώμην· δυοῖν δὲ θάτερον βουλήσεται,
κλύειν ἄναλκις μᾶλλον ἢ μιαιφόνος·
αὕτη κατ' Ἄργος βασιλικὸν τέξει γένος.

Há uma cidade nos confins da terra,
Canopo, aterro no bocal do Nilo.
Com afago de mão, um simples toque,
Zeus te devolverá ali o ânimo.
Geras Épafo negro — Sobretoque —, 850
em honra ao modo como Zeus o cria:
o que o Nilo irrigar, cultivará.
Depois de cinco gerações contínuas,
cinquenta virgens, suas descendentes,
retornarão a contragosto a Argos, 855
fugindo ao casamento com os primos.[20]
Como ávidos falcões atrás de pombas,
eles caçam as núpcias interditas.
Um deus terá ciúme de seus corpos
e a Pelásgia recolhe-os abatidos, 860
obra de Ares num golpe feminino:
à noite, cada noiva embebe a espada
de duplo fio na goela do marido.
Que Amor visite assim meus adversários.
Somente a uma delas falha o plano: 865
o encanto de ser mãe refreia o ímpeto,
que salva o companheiro. Ela prefere
a fama de covarde à de homicida:
uma estirpe real, dá à luz em Argos.

---

[20] Io gera Épafo ("Sobretoque"), do qual descende Dânaos, pai de cinquenta mulheres ("Danaides"), que com ele fogem do Egito para Argos. Dânaos, temeroso de que os cinquenta filhos de seu irmão lhe tirassem o poder, presenteou cada uma das filhas com uma adaga, no dia do casamento com os primos. Uma delas, Hipermnestra, poupa o marido, Linceu. Héracles será um descendente longínquo desse casal. Esse mito é o tema central das *Suplicantes* de Ésquilo.

μακροῦ λόγου δεῖ ταῦτ' ἐπεξελθεῖν τορῶς. 870
σπορᾶς γε μὴν ἐκ τῆσδε φύσεται θρασὺς
τόξοισι κλεινός, ὃς πόνων ἐκ τῶνδ' ἐμὲ
λύσει. τοιόνδε χρησμὸν ἡ παλαιγενὴς
μήτηρ ἐμοὶ διῆλθε Τιτανὶς Θέμις·
ὅπως δὲ χὤπῃ, ταῦτα δεῖ μακροῦ λόγου 875
εἰπεῖν, σύ τ' οὐδὲν ἐκμαθοῦσα κερδανεῖς.

ΙΩ
ἐλελεῦ ἐλελεῦ,
ὑπό μ' αὖ σφάκελος καὶ φρενοπληγεῖς
μανίαι θάλπουσ', οἴστρου δ' ἄρδις
χρίει μ' ἄπυρος· 880
κραδία δὲ φόβῳ φρένα λακτίζει.
τροχοδινεῖται δ' ὄμμαθ' ἑλίγδην,
ἔξω δὲ δρόμου φέρομαι λύσσης
πνεύματι μάργῳ, γλώσσης ἀκρατής·
θολεροὶ δὲ λόγοι παίουσ' εἰκῇ 885
στυγνῆς πρὸς κύμασιν ἄτης.

ΧΟΡΟΣ
ἦ σοφὸς ἦ σοφὸς ἦν Est.
ὃς πρῶτος ἐν γνώμᾳ τόδ' ἐβάστασε καὶ
γλώσσᾳ διεμυθολόγησεν,
ὡς τὸ κηδεῦσαι καθ' ἑαυτὸν ἀριστεύει μακρῷ, 890
καὶ μήτε τῶν πλούτῳ διαθρυπτομένων
μήτε τῶν γέννᾳ μεγαλυνομένων
ὄντα χερνήταν ἐραστεῦσαι γάμων.

μήποτε μήποτέ μ', ὦ Ant.
πότνιαι Μοῖραι, λεχέων Διὸς 895

Seria delongar falar de tudo. 870
Nessa família, bom-de-flecha, o audaz
há de nascer que me livre das penas.
Contou-me a profecia minha mãe,
da raça dos Titãs, a idosa Têmis.
Demandaria tempo o quando e o como, 875
e a informação não te daria lucro.

IO
Ai!
De novo queima o surto e o louco
acesso me possui. A frio
a ponta de um ferrão me agulha. 880
Golpes do coração nas vísceras,
pavor espiralando a vista.
A raiva sopra enfurecida,
me desbarata a rota, a língua
enrola. A esmo, vozes turvas 885
batem nas ondas da ruína.

[Io parte]

CORO
Sábio, um sábio quem propôs   Est.
primeiro a ideia bem pesada:
prêmio maior é encontrar
um cônjuge do mesmo nível. 890
Que o artífice renegue as núpcias
com quem corrupto pelo ouro
conte vantagens da linhagem.

Deusas-do-Destino, afastai-me   Ant.
do leito excelso do Cronida. 895

εὐνάτειραν ἴδοισθε πέλουσαν·
μηδὲ πλαθείην γαμέτᾳ τινὶ τῶν ἐξ οὐρανοῦ.
ταρβῶ γὰρ ἀστεργάνορα παρθενίαν
εἰσορῶσ' Ἰοῦς ἀμαλαπτομέναν
δυσπλάνοις Ἥρας ἀλατείαις πόνων.   900

ἐμοὶ δ' ὅτε μὲν ὁμαλὸς ὁ γάμος,   Epodo
ἄφοβος· οὐ δέδια· μηδὲ κρεισσόνων θεῶν
ἔρως ἄφυκτον ὄμμα προσδράκοι με.
ἀπόλεμος ὅδε γ' ὁ πόλεμος, ἄπορα πόριμος·
οὐδ' ἔχω τίς ἂν γενοίμαν.   905
τὰν Διὸς γὰρ οὐχ ὁρῶ
μῆτιν ὅπα φύγοιμ' ἄν.

ΠΡΟΜΗΘΕΥΣ
ἦ μὴν ἔτι Ζεύς, καίπερ αὐθάδης φρενῶν,
ἔσται ταπεινός, οἷον ἐξαρτύεται
γάμον γαμεῖν, ὃς αὐτὸν ἐκ τυραννίδος
θρόνων τ' ἄιστον ἐκβαλεῖ· πατρὸς δ' ἀρὰ   910
Κρόνου τότ' ἤδη παντελῶς κρανθήσεται,
ἣν ἐκπίτνων ἠρᾶτο δηναιῶν θρόνων.
τοιῶνδε μόχθων ἐκτροπὴν οὐδεὶς θεῶν
δύναιτ' ἂν αὐτῷ πλὴν ἐμοῦ δεῖξαι σαφῶς.
ἐγὼ τάδ' οἶδα χᾧ τρόπῳ. πρὸς ταῦτά νυν   915
θαρσῶν καθήσθω τοῖς πεδαρσίοις κτύποις
πιστός, τινάσσων τ' ἐν χεροῖν πύρπνουν βέλος.
οὐδὲν γὰρ αὐτῷ ταῦτ' ἐπαρκέσει τὸ μὴ οὐ
πεσεῖν ἀτίμως πτώματ' οὐκ ἀνασχετά·
τοῖον παλαιστὴν νῦν παρασκευάζεται   920
ἐπ' αὐτὸς αὑτῷ, δυσμαχώτατον τέρας·
ὃς δὴ κεραυνοῦ κρεῖσσον' εὑρήσει φλόγα,

De um cônjuge celeste nunca
eu me aproxime. Tremo só
de ver a virgem Io, bicorne,
avessa a homens, presa de Hera,
pois a devora o andar ao léu. 900

Não me trará fobia ao casamento: Epodo
não receio um consorte igual a mim.
Com olhos fixos, não me encarem deuses.
A luta é luto. Acesso sem saída.
O futuro uma incógnita seria. 905
Não fugiria do que Zeus assina.

PROMETEU
Ainda que tenha a mente dura, Zeus
há de se dobrar. Núpcias se preparam
que do poder, do trono, o arrojarão.
Cronos fará cumprir a sua praga, 910
pronunciada ao cair do antigo pódio.
Como evitar a pena? Exceto eu,
ninguém a mostraria com clareza.
Somente eu sei qual é o procedimento.
Senhor de si, ei-lo que toma assento, 915
no celeste estampido confiado,
nas mãos o dardo de onde vibra o fogo.
Essa parafernália não impede
que o golpe do revés o acerte em cheio.
Zeus prepara seu próprio adversário, 920
prodígio dificílimo na luta.
A chama que este empunha ofusca o raio

βροντῆς θ' ὑπερβάλλοντα καρτερὸν κτύπον·
θαλασσίαν τε γῆς τινάκτειραν νόσον
τρίαιναν, αἰχμὴν τὴν Ποσειδῶνος, σκεδᾷ. 925
πταίσας δὲ τῷδε πρὸς κακῷ μαθήσεται
ὅσον τό τ' ἄρχειν καὶ τὸ δουλεύειν δίχα.

ΧΟΡΟΣ
σύ θην ἃ χρῄζεις, ταῦτ' ἐπιγλωσσᾷ Διός.

ΠΡΟΜΗΘΕΥΣ
ἅπερ τελεῖται, πρὸς δ' ἃ βούλομαι λέγω.

ΧΟΡΟΣ
καὶ προσδοκᾶν χρὴ δεσπόσειν Ζηνός τινα; 930

ΠΡΟΜΗΘΕΥΣ
καὶ τῶνδέ γ', ἕξει δυσλοφωτέρους πόνους.

ΧΟΡΟΣ
πῶς δ' οὐχὶ ταρβεῖς τοιάδ' ἐκρίπτων ἔπη;

ΠΡΟΜΗΘΕΥΣ
τί δ' ἂν φοβοίμην ᾧ θανεῖν οὐ μόρσιμον;

ΧΟΡΟΣ
ἀλλ' ἆθλον ἄν σοι τοῦδ' ἔτ' ἀλγίω πόροι.

ΠΡΟΜΗΘΕΥΣ
ὁ δ' οὖν ποιείτω· πάντα προσδοκητά μοι. 935

e o seu estrondo abafa o do trovão,
estilhaçando a lança de Posêidon,
tridente, que do mar abala a terra.   925
Zeus neste choque ficará sabendo
que o mando e a escravidão são coisas díspares.

CORO
Predizes o que vê o teu desejo.

PROMETEU
Algo mais; o desfecho eu antecipo.

CORO
Que Zeus terá um senhor é garantido?   930

PROMETEU
Mais do que a minha, há de pesar-lhe a pena.

CORO
Não te apavora o tiro dessas frases?

PROMETEU
A morte não faz parte do meu fado.

CORO
E se ele aperta mais o torniquete?

PROMETEU
Fará somente aquilo que prevejo.   935

ΧΟΡΟΣ

οἱ προσκυνοῦντες τὴν Ἀδράστειαν σοφοί.

ΠΡΟΜΗΘΕΥΣ

σέβου, προσεύχου, θῶπτε τὸν κρατοῦντ' ἀεί.
ἐμοὶ δ' ἔλασσον Ζηνὸς ἢ μηδὲν μέλει.
δράτω, κρατείτω τόνδε τὸν βραχὺν χρόνον,
ὅπως θέλει· δαρὸν γὰρ οὐκ ἄρξει θεοῖς.   940
ἀλλ' εἰσορῶ γὰρ τόνδε τὸν Διὸς τρόχιν,
τὸν τοῦ τυράννου τοῦ νέου διάκονον·
πάντως τι καινὸν ἀγγελῶν ἐλήλυθεν.

ΕΡΜΗΣ

σὲ τὸν σοφιστήν, τὸν πικρῶς ὑπέρπικρον,
τὸν ἐξαμαρτόντ' εἰς θεοὺς ἐφημέροις   945
πορόντα τιμάς, τὸν πυρὸς κλέπτην λέγω·
πατὴρ ἄνωγέ σ' οὕστινας κομπεῖς γάμους
αὐδᾶν, πρὸς ὧν ἐκεῖνος ἐκπίπτει κράτους.
καὶ ταῦτα μέντοι μηδὲν αἰνικτηρίως,
ἀλλ' αὔθ' ἕκαστα φράζε· μηδέ μοι διπλᾶς   950
ὁδούς, Προμηθεῦ, προσβάλῃς· ὁρᾷς δ' ὅτι
Ζεὺς τοῖς τοιούτοις οὐχὶ μαλθακίζεται.

ΠΡΟΜΗΘΕΥΣ

σεμνόστομός γε καὶ φρονήματος πλέως
ὁ μῦθός ἐστιν, ὡς θεῶν ὑπηρέτου.

CORO
Frente à Adrasteia os sábios se prosternam.²¹

PROMETEU
Adora, adula, invoca sempre o rei.
Não vale para mim nenhum vintém.
Que ele vigore em seu fugaz império.
No Olimpo, seu poder será efêmero. 940
Já posso ver o leva-e-traz de Zeus,
moleque-de-recado do tirano.
Creio que traz consigo alguma nova.

[Entra Hermes]

HERMES
Cascavel! Azedume sobreazedo,
que lesa os numes dando regalias 945
a efêmeros; ladrão do fogo rubro,
responde — o pai pressiona — do esponsal
advirá a perda do poder?
Quem o vai derrubar? Nada de enigma!
Detém-te em cada ponto com cuidado, 950
poupando-me a jornada redobrada:
com negativas não se abranda Zeus.

PROMETEU
O teu papel de servo é retratado
em palavras pomposas e arrogantes.

---

²¹ Trata-se de um dito proverbial (cf. Platão, *A República*, 451a). Adrasteia, nome próprio formado a partir de ἀ-διδράσκω ("de quem não se pode fugir"), confunde-se com Nêmesis, deusa que pune a arrogância e a violência.

νέον νέοι κρατεῖτε καὶ δοκεῖτε δὴ 955
ναίειν ἀπενθῆ πέργαμ'· οὐκ ἐκ τῶνδ' ἐγὼ
δισσοὺς τυράννους ἐκπεσόντας ᾐσθόμην;
τρίτον δὲ τὸν νῦν κοιρανοῦντ' ἐπόψομαι
αἴσχιστα καὶ τάχιστα. μή τί σοι δοκῶ
ταρβεῖν ὑποπτήσσειν τε τε τοὺς νέους θεούς; 960
πολλοῦ γε καὶ τοῦ παντὸς ἐλλείπω. σὺ δὲ
κέλευθον ἥνπερ ἦλθες ἐγκόνει πάλιν·
πεύσῃ γὰρ οὐδὲν ὧν ἀνιστορεῖς ἐμέ.

ΕΡΜΗΣ

τοιοῖσδε μέντοι καὶ πρὶν αὐθαδίσμασιν
ἐς τάσδε σαυτὸν πημονὰς καθώρμισας. 965

ΠΡΟΜΗΘΕΥΣ

τῆς σῆς λατρείας τὴν ἐμὴν δυσπραξίαν,
σαφῶς ἐπίστασ', οὐκ ἂν ἀλλάξαιμ' ἐγώ.

ΕΡΜΗΣ

κρεῖσσον γὰρ οἶμαι τῇδε λατρεύειν πέτρᾳ
ἢ πατρὶ φῦναι Ζηνὶ πιστὸν ἄγγελον.

ΠΡΟΜΗΘΕΥΣ

οὕτως ὑβρίζειν τοὺς ὑβρίζοντας χρεών. 970

ΕΡΜΗΣ

χλιδᾶν ἔοικας τοῖς παροῦσι πράγμασι.

O poder novo faz crer aos neófitos 955
que a agrura nunca chega à cidadela.
Já não vi dois tiranos destronados?[22]
Quanto ao terceiro, rei de agora, vejo-o
rolando trono abaixo. Não sou dado
a bater queixo frente a numes novos. 960
Volto a insistir: estou bem longe disso.
Refaz a tua trilha sem demora,
sem extrair de mim nenhuma sílaba.

HERMES

Não deves esquecer que a truculência
já te ancorou no porto da ruína. 965

PROMETEU

Deixo bem claro que eu não trocaria
minha desgraça por tua vida escrava.

HERMES

Há quem prefira submeter-se à pedra
a ser o núncio fiável de Zeus pai...

PROMETEU

Urge insultar quem surge com insultos. 970

HERMES

Parece confortável tua desgraça.

---

[22] Referência a Urano e Cronos.

ΠΡΟΜΗΘΕΥΣ
χλιδῶ; χλιδῶντας ὧδε τοὺς ἐμοὺς ἐγὼ
ἐχθροὺς ἴδοιμι· καὶ σὲ δ' ἐν τούτοις λέγω.

ΕΡΜΗΣ
ἦ κἀμὲ γάρ τι συμφοραῖς ἐπαιτιᾷ;

ΠΡΟΜΗΘΕΥΣ
ἁπλῷ λόγῳ τοὺς πάντας ἐχθαίρω θεούς, 975
ὅσοι παθόντες εὖ κακοῦσί μ' ἐκδίκως.

ΕΡΜΗΣ
κλύω σ' ἐγὼ μεμηνότ' οὐ σμικρὰν νόσον.

ΠΡΟΜΗΘΕΥΣ
νοσοῖμ' ἄν, εἰ νόσημα τοὺς ἐχθροὺς στυγεῖν.

ΕΡΜΗΣ
εἴης φορητὸς οὐκ ἄν, εἰ πράσσοις καλῶς.

ΠΡΟΜΗΘΕΥΣ
ὤμοι.

ΕΡΜΗΣ
ὤμοι; τόδε Ζεὺς τοὔπος οὐκ ἐπίσταται. 980

ΠΡΟΜΗΘΕΥΣ
ἀλλ' ἐκδιδάσκει πάνθ' ὁ γηράσκων χρόνος.

ΕΡΜΗΣ
καὶ μὴν σύ γ' οὔπω σωφρονεῖν ἐπίστασαι.

PROMETEU
Confortável? Tivessem tal conforto
meus desafetos, entre os quais te incluo.

HERMES
Do teu estado sou corresponsável?

PROMETEU
Serei bem franco: odeio os deuses todos, 975
pois pagam meu auxílio com maus tratos.

HERMES
Traduzo: doença grave te enlouquece.

PROMETEU
Se o ódio aos inimigos for doença.

HERMES
E quem suportaria teu sucesso?

PROMETEU
Ai!

HERMES
  Dessa palavra Zeus não tem ciência. 980

PROMETEU
Com a idade o tempo ensina tudo.

HERMES
Não te ensinou pensar com equilíbrio.

ΠΡΟΜΗΘΕΥΣ

σὲ γὰρ προσηύδων οὐκ ἂν ὄνθ' ὑπηρέτην.

ΕΡΜΗΣ

ἐρεῖν ἔοικας οὐδὲν ὧν χρῄζει πατήρ.

ΠΡΟΜΗΘΕΥΣ

καὶ μὴν ὀφείλων γ' ἂν τίνοιμ' αὐτῷ χάριν. 985

ΕΡΜΗΣ

ἐκερτόμησας δῆθεν ὡς παῖδ' ὄντα με.

ΠΡΟΜΗΘΕΥΣ

οὐ γὰρ σὺ παῖς τε κἄτι τοῦδ' ἀνούστερος
εἰ προσδοκᾷς ἐμοῦ τι πεύσεσθαι πάρα;
οὐκ ἔστιν αἴκισμ' οὐδὲ μηχάνημ' ὅτῳ
προτρέψεταί με Ζεὺς γεγωνῆσαι τάδε, 990
πρὶν ἂν χαλασθῇ δεσμὰ λυμαντήρια.
πρὸς ταῦτα ῥιπτέσθω μὲν αἰθαλοῦσσα φλόξ,
λευκοπτέρῳ δὲ νιφάδι καὶ βροντήμασι
χθονίοις κυκάτω πάντα καὶ ταρασσέτω.
γνάμψει γὰρ οὐδὲν τῶνδέ μ' ὥστε καὶ φράσαι 995
πρὸς οὗ χρεών νιν ἐκπεσεῖν τυραννίδος.

ΕΡΜΗΣ

ὅρα νυν εἴ σοι ταῦτ' ἀρωγὰ φαίνεται.

ΠΡΟΜΗΘΕΥΣ

ὦπται πάλαι δὴ καὶ βεβούλευται τάδε.

PROMETEU
Não nego: como falaria a um servo?

HERMES
Do que o pai solicita nada dizes.

PROMETEU
Como quitar o muito que lhe devo? 985

HERMES
Brincas, como se eu fosse uma criança.

PROMETEU
Pior, és mais ingênuo que criança,
se esperas transmitir-lhe algum recado.
Comigo não têm vez tortura e engenho.
Liberto dos grilhões, conto o que sei. 990
Me alcance lá do céu o fogo ardente,
instaure Zeus o caos por todo canto:
mande o brancor da neve de asas leves,
mande o trovão que faz tremer a terra.
Eu não me dobro e manterei no escuro 995
quem no futuro vai tramar-lhe a queda.

HERMES
Que vantagem terás, agindo assim?

PROMETEU
Há muito eu trago tudo bem pesado.

ΕΡΜΗΣ

τόλμησον, ὦ μάταιε, τόλμησόν ποτε
πρὸς τὰς παρούσας πημονὰς ὀρθῶς φρονεῖν, 1000

ΠΡΟΜΗΘΕΥΣ

ὀχλεῖς μάτην με κῦμ' ὅπως παρηγορῶν.
εἰσελθέτω σε μήποθ' ὡς ἐγὼ Διὸς
γνώμην φοβηθεὶς θηλύνους γενήσομαι,
καὶ λιπαρήσω τὸν μέγα στυγούμενον
γυναικομίμοις ὑπτιάσμασιν χερῶν 1005
λῦσαί με δεσμῶν τῶνδε· τοῦ παντὸς δέω.

ΕΡΜΗΣ

λέγων ἔοικα πολλὰ καὶ μάτην ἐρεῖν·
τέγγῃ γὰρ οὐδὲν οὐδὲ μαλθάσσῃ λιταῖς
ἐμαῖς· δακὼν δὲ στόμιον ὡς νεοζυγὴς
πῶλος βιάζῃ καὶ πρὸς ἡνίας μάχῃ. 1010
ἀτὰρ σφοδρύνῃ γ' ἀσθενεῖ σοφίσματι·
αὐθαδία γὰρ τῷ φρονοῦντι μὴ καλῶς
αὐτὴ καθ' αὑτὴν οὐδενὸς μεῖζον σθένει.
σκέψαι δ', ἐὰν μὴ τοῖς ἐμοῖς πεισθῇς λόγοις,
οἷός σε χειμὼν καὶ κακῶν τρικυμία 1015
ἔπεισ' ἄφυκτος · πρῶτα μὲν γὰρ ὀκρίδα
φάραγγα βροντῇ καὶ κεραυνίᾳ φλογὶ
πατὴρ σπαράξει τήνδε, καὶ κρύψει δέμας
τὸ σόν, πετραία δ' ἀγκάλη σε βαστάσει.
μακρὸν δὲ μῆκος ἐκτελευτήσας χρόνου 1020
ἄψορρον ἥξεις εἰς φάος· Διὸς δέ τοι
πτηνὸς κύων, δαφοινὸς αἰετός, λάβρως
διαρταμήσει σώματος μέγα ῥάκος,
ἄκλητος ἕρπων δαιταλεὺς πανήμερος,

HERMES
Ousa, infeliz, pensar com lucidez
na amargura que agora te aniquila. 1000

PROMETEU
Me cansas. Não sou onda para entrar
no teu embalo. Deixo tudo claro:
Zeus não me atemoriza como à fêmea.
Não peço que me livre das algemas
como a mulher que estende palmas súplices. 1005
Não fui explícito? Eu detesto Zeus!

HERMES
Gasto saliva em vão nesta conversa.
De nada adianta insistir com súplicas:
não se amolece um coração de pedra.
Dentes nos freios, como um potro novo 1010
de sela, a tua fúria agride as rédeas.
Teu destempero encobre engenho débil.
A audácia no insensato é uma quimera.
Se és surdo ao meu discurso, visualiza:
a tempestade, a tripla onda hostil 1015
vai tombar sobre ti, vetando a fuga.
Com a chama do raio Zeus fratura,
trovejando, a escarpa do rochedo,
e arrebata teu corpo o abraço pétreo.
Ao fim de um longo, longo tempo lento, 1020
retornarás à luz. O cão volátil,
a águia sanguessuga do Cronida,
arrancará um naco do teu corpo,
conviva sem convite, dia a dia.

κελαινόβρωτον δ' ἧπαρ ἐκθοινήσεται. 1025
τοιοῦδε μόχθου τέρμα μή τι προσδόκα,
πρὶν ἂν θεῶν τις διάδοχος τῶν σῶν πόνων
φανῇ, θελήσῃ τ' εἰς ἀναύγητον μολεῖν
Ἅιδην κνεφαῖά τ' ἀμφὶ Ταρτάρου βάθη.
πρὸς ταῦτα βούλευ'· ὡς ὅδ' οὐ πεπλασμένος 1030
ὁ κόμπος, ἀλλὰ καὶ λίαν εἰρημένος·
ψευδηγορεῖν γὰρ οὐκ ἐπίσταται στόμα
τὸ Δῖον, ἀλλὰ πᾶν ἔπος τελεῖ· σὺ δὲ
πάπταινε καὶ φρόντιζε, μηδ' αὐθαδίαν
εὐβουλίας ἀμείνον' ἡγήσῃ ποτέ. 1035

ΧΟΡΟΣ
ἡμῖν μὲν Ἑρμῆς οὐκ ἄκαιρα φαίνεται
λέγειν. ἄνωγε γάρ σε τὴν αὐθαδίαν
μεθέντ' ἐρευνᾶν τὴν σοφὴν εὐβουλίαν.
πιθοῦ· σοφῷ γὰρ αἰσχρὸν ἐξαμαρτάνειν.

ΠΡΟΜΗΘΕΥΣ
εἰδότι τοί μοι τάσδ' ἀγγελίας 1040
ὅδ' ἐθώυξεν· πάσχειν δὲ κακῶς
ἐχθρὸν ὑπ' ἐχθρῶν οὐδὲν ἀεικές.
πρὸς ταῦτ' ἐπ' ἐμοὶ ῥιπτέσθω μὲν
πυρὸς ἀμφήκης βόστρυχος, αἰθὴρ δ'
ἐρεθιζέσθω βροντῇ σφακέλῳ τ' 1045
ἀγρίων ἀνέμων· χθόνα δ' ἐκ πυθμένων
αὐταῖς ῥίζαις πνεῦμα κραδαίνοι,
κῦμα δὲ πόντου τραχεῖ ῥοθίῳ
συγχώσειεν τῶν οὐρανίων
ἄστρων διόδους· εἴς τε κελαινὸν 1050
Τάρταρον ἄρδην ῥίψειε δέμας

No cardápio, roído, o negro fígado. 1025
Não esperes o fim do sofrimento
até que um deus assuma tuas dores
e aceite percorrer o negro Hades,
o Tártaro de turvas profundezas.
Reflete, pois não sou dos que modelam 1030
ruídos, mas palavras com sentido.
A boca do Cronida não falseia:
tudo o que pronuncia se executa.
Pensa bem, examina, pois jamais
o arrojo esteve à frente da prudência. 1035

CORO

Não nos parece que Hermes seja arauto
de absurdos; em vez do destemor
aconselha prudência. O sábio perde
o seu valor perseverando no erro.

PROMETEU

Apenas prega obviedades. 1040
Ao inimigo não denigre
o desaforo do inimigo.
Recaia em mim o gume duplo
da espiralada trança ardente.
Rajadas e trovões agridam 1045
a rarefeita calmaria.
Abale à terra o furacão,
rompendo ao fundo os alicerces.
Que o vagalhão roncando altere
no céu o traçado dos astros. 1050
Em meio aos torvelinhos turvos,

τοὐμὸν ἀνάγκης στερραῖς δίναις·
πάντως ἐμέ γ' οὐ θανατώσει.

ΕΡΜΗΣ

τοιάδε μέντοι τῶν φρενοπλήκτων
βουλεύματ' ἔπη τ' ἔστιν ἀκοῦσαι. 1055
τί γὰρ ἐλλείπει μὴ οὐ παραπαίειν
ἡ τοῦδ' εὐχή; τί χαλᾷ μανιῶν;
ἀλλ' οὖν ὑμεῖς γ' αἱ πημοσύναις
συγκάμνουσαι ταῖς τοῦδε τόπων
μετά ποι χωρεῖτ' ἐκ τῶνδε θοῶς, 1060
μὴ φρένας ὑμῶν ἠλιθιώσῃ
βροντῆς μύκημ' ἀτέραμνον.

ΧΟΡΟΣ

ἄλλο τι φώνει καὶ παραμυθοῦ μ'
ὅ τι καὶ πείσεις· οὐ γὰρ δή που
τοῦτό γε τλητὸν παρέσυρας ἔπος. 1065
πῶς με κελεύεις κακότητ' ἀσκεῖν;
μετὰ τοῦδ' ὅ τι χρὴ πάσχειν ἐθέλω·
τοὺς προδότας γὰρ μισεῖν ἔμαθον,
κοὐκ ἔστι νόσος
τῆσδ' ἥντιν' ἀπέπτυσα μᾶλλον. 1070

ΕΡΜΗΣ

ἀλλ' οὖν μέμνησθ' ἁγὼ προλέγω
μηδὲ πρὸς ἄτης θηραθεῖσαι
μέμψησθε τύχην, μηδέ ποτ' εἴπηθ'
ὡς Ζεὺς ὑμᾶς εἰς ἀπρόοπτον
πῆμ' εἰσέβαλεν· μὴ δῆτ' αὐταὶ δ' 1075
ὑμᾶς αὐτάς. εἰδυῖαι γὰρ
κοὐκ ἐξαίφνης οὐδὲ λαθραίως

me arroje o corpo até o Tártaro.
Em vão! Não pode dar-me a morte.

HERMES
Desequilíbrio! Não há dúvida
sobre o teor do teu discurso.   1055
Não falta nada a teu delírio.
Loucura assim é reversível?
Quem compartilha sua dor
deve atender a este aviso:
fugir daqui, tomar distância!   1060
O ronco horrível do trovão
não poupará cabeça alguma.

CORO
Muda de tom. O teu conselho
escuto se trouxer alívio.
É intolerável teu discurso.   1065
Propor-me a infâmia, é só o que sabes?
Que a agrura dele seja a minha.
A traição me inflama o ódio.
A essa doença eu aprendi
a responder com meu desdém.   1070

HERMES
Lembra-te então do que eu predigo.
Se Ate — o Malogro — sobreviver,
não terá culpa o Fado ou Zeus:
é previsível a ruína
que a ti somente é imputável.   1075
Quando na trama te enredares,
que a insânia urde com cuidado,

εἰς ἀπέρατον δίκτυον ἄτης
ἐμπλεχθήσεσθ' ὑπ' ἀνοίας.

ΠΡΟΜΗΘΕΥΣ

καὶ μὴν ἔργῳ κοὐκέτι μύθῳ 1080
χθὼν σεσάλευται·
βρυχία δ' ἠχὼ παραμυκᾶται
βροντῆς, ἕλικες δ' ἐκλάμπουσι
στεροπῆς ζάπυροι, στρόμβοι δὲ κόνιν
εἰλίσσουσι· σκιρτᾷ δ' ἀνέμων 1085
πνεύματα πάντων εἰς ἄλληλα
στάσιν ἀντίπνουν ἀποδεικνύμενα·
ξυντετάρακται δ' αἰθὴρ πόντῳ.
τοιάδ' ἐπ' ἐμοὶ ῥιπὴ Διόθεν
τεύχουσα φόβον στείχει φανερῶς. 1090
ὦ μητρὸς ἐμῆς σέβας, ὦ πάντων
αἰθὴρ κοινὸν φάος εἱλίσσων,
ἐσορᾷς μ' ὡς ἔκδικα πάσχω.

tu não dirás: *surpresa, engano*.
A imprudência será lembrada.

[Sai Hermes]

PROMETEU

Cala a palavra. Fala o ato: 1080
a terra toda treme, rouco
o ronco do trovão ecoa,
relâmpagos acendem tranças
de fogo, o remoinho roda
o pó, de todos os quadrantes 1085
o vento irrompe contra o vento
e encena a guerra de antiventos.
Céu no mar: confusão extrema.
É Zeus o autor dessa intempérie,
quer abater-me de pavor. 1090
Mãe venerável, Éter, luz,
moldura móvel do universo,
contempla minha pena injusta!

O périplo de Io*

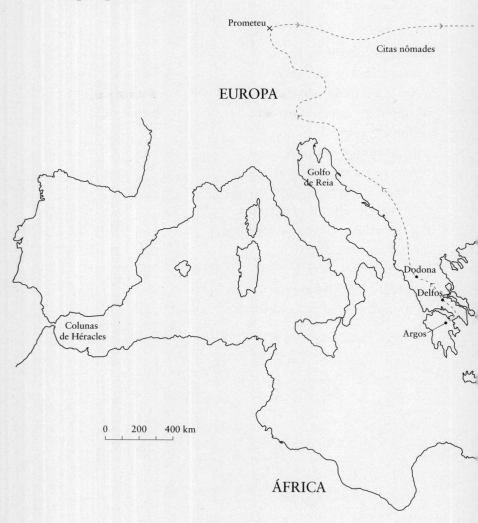

* A partir de Mark Griffith, *Aeschylus: Prometheus Bound*, Cambridge, Cambridge University Press, 1983, p. vi.

Tirania olímpica

Trajano Vieira

Há diferenças notáveis entre as versões de Ésquilo e de Hesíodo do mito de Prometeu. Ésquilo não fala do sacrifício com que Prometeu tenta enganar Zeus, reservando a melhor parte da carne para os homens (*Teogonia*, vv. 521-616), nem menciona Epimeteu, que aceita, apesar do alerta do irmão, "o presente de todos os deuses", Pandora (*Os trabalhos e os dias*, vv. 42-89). Na peça, o principal motivo da punição não é o roubo do fogo, pois Hermes deixa claro que o sofrimento de Prometeu chegará ao fim tão logo ele revele o nome de quem tentará derrubar Zeus. Prometeu possui dons proféticos e nisso supera Zeus. Esse aspecto, ausente das demais versões do mito de Prometeu, é responsável pelo efeito dramático que tanto interessou os românticos: o paladino da tecnologia exibe enorme resistência à tortura, recurso que Zeus utiliza para esclarecer o plano sobre a sua queda. Zeus é caracterizado não só como tirano, mas também como traidor, já que sua vitória contra Cronos, na luta dos Titãs, foi obtida graças à ajuda de Prometeu. À inteligência e conhecimento oracular do "personagem mais solitário do teatro ocidental anterior a Beckett",[1] o monarca recém-empossado responde com violência, por intermédio de seus dois algozes, Poder e Força. O traço mais típico do titanismo, a violência,

---

[1] Cf. R. P. Winnington-Ingram, *Studies in Aeschylus*, Cambridge, Cambridge University Press, 1983, p. 182.

passa a pertencer a Zeus, e o conhecimento e a justiça, atributos tradicionais de Zeus, a Prometeu.

O vocabulário empregado confirma essas diferenças. Em nenhum momento Hesíodo chama Zeus de "tirano", ao contrário de Ésquilo: no verso 10, Poder fala da "tirania de Zeus" e, no 736, ao lamentar a vida errante de Io, Prometeu diz que o chefe olímpico é "o tirano dos deuses". Diferentemente de *basileia*, que define a monarquia hereditária, *tyrannís*, presente em outras dez passagens da peça, identifica o poder obtido pela força. A fragilidade jurídica desse tipo de governo é sugerida pela seguinte fala do coro (149-50): "com normas novas Zeus governa/ sem parâmetro algum" (*neokhmoîs de dè nómois/ Zeùs athétos kratýnei*). O verbo *neokhmóo*, de que deriva o adjetivo *neokhmós*, significa "fazer inovações políticas". O termo-chave nessa passagem é *athétos*, advérbio negativo formado a partir de *thémis*, "lei" (o verbo *athetéo* é traduzido por "violar a lei"); ou seja, as novas leis de Zeus não encontram respaldo na justiça. Esse regime "não estimado" (*amégarta*, alfa privativo + *megaíro*: "invejar"), sustentado por "leis próprias" (*idíois nómois*), mantém-se pela "lança arrogante" (*hyperéphanon... aikhmán*).

Submetidos a essa tirania, os personagens de *Prometeu Desmótes*[2] vivem "doentes". Num estudo sobre os reflexos da linguagem médica no drama, Barbara Fowles observou que o sentido de *nósos* ("doença") oscila entre o homérico "moléstia" (na *Ilíada*, I, 10, *nósos* é a praga com que Apolo assola as hostes gregas) e o sofocliano "loucura" (por exemplos, *Ájax*, vv. 185, 635-9). Ésquilo pode ter conhecido a teo-

---

[2] O título da peça tem sido traduzido diferentemente em português. *Prometeu Encadeado* no manuscrito imperial de D. Pedro II; *Prometeu Acorrentado*, pelo Barão de Paranapiacaba (Imprensa Nacional, 1907) e por Mário da Gama Kury (Jorge Zahar, 1993); *Prometeu Agrilhoado*, por Bazilio Telles (Lello & Irmão, 1914) e por Ana Paula Sottomayor (Edições 70, 1992). Utilizo o título *Prometeu Prisioneiro*, que aparece também na tradução de Jaa Torrano (Roswitha Kempf, 1985).

ria do pitagórico Alcmeão de Cróton, para quem a saúde era produto do equilíbrio (*isonomia*) entre estados contrários, e a doença, do predomínio de um deles (*monarquia*).[3] A tirania, fundada na desconfiança geral — que atinge inclusive os "amigos", segundo Prometeu —, é uma "doença" (*nósema*) inerente à nova ordem fundada por Zeus (v. 225). No diálogo com Oceano, Prometeu nota que deve suportar a tortura até Zeus "relaxar" (*lopháo*, termo técnico da medicina hipocrática) a sua "cólera" (*khólos*, literalmente, "bile", é um dos "humores" da medicina da época). Mantendo a metáfora, Oceano repete o provérbio:[4] "palavras são remédios contra a ira doentia" (v. 378; de acordo com minha tradução: "conversa cura o coração colérico"). E, no mesmo registro, Prometeu arremata: "se se acalma no momento certo o coração e não se reduz à força o ânimo transtornado" (ou: "se o remédio vem na hora certa/ sem agredir o intumescido âmago", assim interpretado por Griffith: "o coração de Zeus é ainda muito novo e rude para ouvir palavras reconfortantes").[5] Quase todos os vocábulos aqui parecem retirados de tratados da medicina da época: *sphrigáo* ("transtornar-se", lit.: "estar inchado de líquido") descreve o tumor; *malthásso* ("amolecer") significa, nos escritos de Hipócrates, "massagear", e *en kairô* ("no tempo certo") é traduzido, em alguns casos, por "no momento crítico".[6] Além de Prometeu, que o coro considera um "mau médico" por ser incapaz de reverter suas agruras ("como um doutor medíocre adoecido,/ falhas ao prescrever a autocura"), a maior vítima da epidemia tirânica de Zeus é a princesa Io, metamorfoseada numa vaca in-

---

[3] Barbara H. Fowler, "The Imagery of the *Prometheus Bound*", *American Journal of Philology*, vol. 78, nº 2, 1957, pp. 173-84.

[4] Cf. Mark Griffith, *Aeschylus: Prometheus Bound*, Cambridge, Cambridge University Press, 1983, p. 154.

[5] *Ibidem*, p. 154.

[6] Cf. Fowler, *op. cit.*, pp. 178-9.

sana devido à "doença proveniente de deus" (*theósyton nóson*, v. 596), imagem do amor do novo monarca.

Muito se tem escrito sobre esse perfil desconcertante de Zeus. Um breve resumo das principais análises mostra a dificuldade em aceitar a caracterização negativa do Cronida. A interpretação segundo a qual Zeus teve razão em punir o rebelde, corrente no século XIX, foi descartada por Farnell ("cretinismo moral") e por Dodds, que apontou o conservadorismo político de seus autores.[7] Lloyd-Jones criticou os que leem a peça como educativa, e não como dramática: "Ésquilo não é nem a favor nem contra Zeus ou Prometeu", observa o helenista, acrescentando que, embora Prometeu seja apresentado com simpatia, não se pode concluir que a plateia tenha visto Zeus "com a indignação que nós naturalmente sentimos".[8] Ésquilo teria concebido Zeus ou Justiça (*Díke*) do mesmo modo que Hesíodo. É difícil concordar com essa opinião. No episódio de Pandora, a menção de "Esperança" (*Elpís*), que passa a fazer parte do destino dos homens, revela uma visão otimista do futuro humano.[9] Na versão hesiódica do mito, Prometeu é punido por tentar enganar Zeus, enquanto que, na peça de Ésquilo, por impedir que Zeus lançasse, sem qualquer justificativa, os homens ao Tártaro. Creio que a simpatia da plateia por seu paladino, a que se

---

[7] Ver Lewis R. Farnell, "The Paradox of the *Prometheus Vinctus*", *The Journal of Hellenic Studies*, vol. 53, nº 1, 1933, p. 44, e E. R. Dodds, *The Ancient Concept of Progress and Other Essays on Greek Literature and Belief*, Oxford, Clarendon Press, 1973, pp. 32 ss.

[8] Hugh Lloyd-Jones, "Zeus in Aeschylus" (1953), em *Greek Epic, Lyric, and Tragedy*, Oxford, Clarendon Press, 1990, p. 257.

[9] De acordo com Vernant, o sacrifício de Prometeu teria a função de separar o cosmos divino do humano; nesse âmbito, *Elpís* seria a "ilusão salutar" (Jean-Pierre Vernant, *Mito e società nell'antica Grecia*, trad. it., Turim, Einaudi, 1981, pp. 188-91).

refere Lloyd-Jones, exclui uma visão positiva de Zeus que, afinal, "começa a briga".[10]

Outra análise de grande impacto no século XX aponta o caráter evolutivo de Zeus. Na trilogia de que faz parte o *Prometeu*, haveria algo semelhante ao que ocorre na passagem do Antigo para o Novo Testamento: a metamorfose de um deus cruel em misericordioso.[11] Alguns autores criticaram o fundamento historicista dessa interpretação. Entretanto, vários diálogos falam da "novidade" do império de Zeus. No verso 981, Prometeu comenta que "com a idade o tem-

---

[10] Nesse sentido, A. D. Fitton-Brown ("Prometheia", *The Journal of Hellenic Studies*, vol. 79, 1959, p. 58), depois de registrar que "Zeus começou isso (nas palavras de Ésquilo), pretendendo destruir a humanidade", comenta: "Há um claro contraste entre a sucessão degenerativa das raças hesiódicas e a visão de Ésquilo sobre a ascensão da humanidade a partir da barbárie. Seria precipitado supor que a plateia do século V na Atenas imperial (ou mesmo em Siracusa) pudesse adotar a visão hesiódica da extinção da primeira e única raça humana a que Ésquilo se refere — a raça da qual eles provavelmente pensavam ser a culminância".

[11] Essa teoria de Ulrich von Wilamowitz-Moellendorff (*Aischylus: Interpretationen*, Berlim, Weidmann, 1915) é discutida por diversos autores. Farnell, *op. cit.*, p. 47, simplesmente nega a pertinência da aproximação entre o deus bíblico e Zeus. Para Karl Reinhardt, essa opinião baseia-se em preceitos do evolucionismo historicista do século XIX. Zeus, herdeiro do titanismo e fundador de uma nova ordem cósmica, seria, ao mesmo tempo, tirânico e benfeitor, segundo Reinhardt (*Eschyle-Euripide*, trad. fran., Paris, Minuit, 1972, pp. 83 ss.). Essa última leitura, considerada por Dodds, *op. cit.*, p. 42, mais anacrônica que a anterior, foi também criticada, entre outros, por Fitton-Brown, *op. cit.*, p. 58, e Albin Lesky, que nota que a síntese de Zeus na trilogia independe do hipotético desenvolvimento do pensamento religioso de Ésquilo (cf. *Greek Tragic Poetry*, trad. ingl., New Haven, Yale University Press, 1983, p. 97). De acordo com Griffith, *op. cit.*, p. 33, "é insensato esperar uma tal uniformidade teológica nos trágicos", opinião partilhada por S. Ireland: "A ideia segundo a qual a imagem da divindade apresentada pode ser antes um fator das necessidades da peça em particular do que de algum grande plano ou da própria visão do dramaturgo torna-se bastante atraente" ("Aeschylus", *Greece & Rome: New Surveys in the Classics*, vol. 18, 1986, p. 35).

po ensina tudo", um lugar-comum entre os trágicos (conforme, por exemplo, *Édipo em Colono*, v. 7: "meus longos anos me ensinam"). Trechos como esse suscitam algumas considerações: o conceito de deus imutável surgirá na Grécia somente no período platônico e aristotélico. O que caracterizou o pensamento mitológico anterior foi a grande variedade de funções atribuídas aos deuses. A mitologia grega não resulta de um cânone rígido de funções, ilustrado por diferentes versões. Num certo sentido, são essas versões, frequentemente contraditórias, que formam o amplo repertório de narrativas a que damos o nome de mitologia. Nada impede, pois, de imaginarmos que, por necessidade dramática, Ésquilo tenha elaborado uma imagem diferente de Zeus nas outras duas peças que completam a trilogia *Prometeia*.[12]

A ênfase na "novidade" do governo de Zeus tem duas funções, associadas por Ésquilo: frisar sua violência (cf. v. 35: "é duro quem exerce poder novo") e sua instabilidade (cf. 309-10, através de um poliptoto: "adota os modos/ novos; é novo o chefe dos eternos").[13] Este último aspecto de certo modo indica (sobretudo o verso 941) a continuação da peça. Embora haja muita discussão sobre a ordem das obras que compuseram a trilogia, poucos negam sua existência. Os dois únicos comentários antigos que restaram do *Prometeu Portador-do-Fogo* (*Pyrphóros*) falam da longa temporada em que Prometeu permaneceu preso (30 mil anos). Tal dado sugere que essa peça concluía a trilogia, com a instituição do festival *Prometeia* em Atenas. Outros comentadores preferem

---

[12] Esse argumento foi primeiramente formulado por Lloyd-Jones, *op. cit.*, p. 260: "se Zeus tivesse mudado seu caráter nesse ínterim, talvez não necessitasse da ameaça de um desastre iminente dirigido contra si para perdoar seu nobre adversário". Segundo o autor, a mudança de atitude de Zeus decorreria de seu acordo com Prometeu, e não o inverso.

[13] Segundo Griffith, *op. cit.*, p. 144, "os modos de Zeus não são mais novos e brilhantes que os velhos (como em Hesíodo, *Teogonia*); a questão central é outra: ele é novo e sua tirania não está ainda assegurada".

interpretar a informação sobre o aprisionamento como uma profecia de Prometeu, concluindo que esse drama introduzia a obra, com a narração do roubo do fogo e sua transferência para os homens. Mais importante para a compreensão do mito é a leitura dos fragmentos da outra peça, *Prometeu Libertado* (*Lyómenos*), que trazem informações esparsas, mas precisas, sobre o destino do personagem. Em sua abertura, Prometeu, ainda preso, relata a pena que cumpriu no Tártaro, conforme a previsão de Hermes no final do drama aqui traduzido. Sua atitude menos arrogante torna propícia a intervenção de sua mãe, Terra, que pede que ele revele o segredo a Zeus. O descendente de Io, Héracles, mata a águia que devora o fígado de Prometeu e ouve o relato sobre seus futuros trabalhos. Finalmente é citado o nome da esposa de Zeus, Tétis, e o Titã é libertado, reconciliando-se com o patriarca.[14]

Esses fragmentos não provam, contudo, que o *Prometeu* tenha sido escrito por Ésquilo. Como quase tudo o que diz respeito à peça, esse é outro ponto sobre o qual reinam divergências. Com a publicação de *The Authenticity of Prometheus Bound*, Griffith veio reacender um debate iniciado no século XIX sobre a questão. O helenista destaca, por um lado, diversos aspectos sofoclianos na peça, e, por outro, diferenças formais entre ela e as outras seis que sabemos ser de Ésquilo. Embora muitos estudos já tivessem chamado a atenção para a relação entre Sófocles e o *Prometeu*, nenhum havia chegado às minúcias do trabalho de Griffith. Bernard

---

[14] A discussão sobre a trilogia envolve outros argumentos. Ver, por exemplo: Fitton-Brown, *op. cit.*, pp. 52-3; George Thomson, *Aeschylus and Athens*, Londres, Lawrence & Wishart, 1966, pp. 297-324; e Griffith, que apresenta e discute o material referente à trilogia em *Aeschylus: Prometheus Bound*, *op. cit.*, pp. 281 ss. Para Timothy Gantz, a obra foi originalmente composta de quatro peças, sendo a última um drama satírico: "The Aeschylean Tetralogy: Attested and Conjectured Groups", *American Journal of Philology*, vol. 101, nº 2, 1980, pp. 142-4.

Knox, por exemplo, comentara que, como *Filoctetes* e *Édipo em Colono*, Prometeu permanece fixo num único lugar. O impacto dramático decorreria dos diálogos através dos quais esses personagens procuram manter seus interlocutores afastados. Prometeu recusa a ajuda de Oceano com uma fala que faz lembrar o conselho de Antígone à Ismene (*Prometeu Prisioneiro*, v. 334: "salva-te", e *Antígone*, v. 83: "corrige o teu destino").[15] Se recusarmos a hipótese de que Prometeu foi representado por um boneco,[16] seremos obrigados a concluir que Ésquilo usou o terceiro ator, inovação atribuída a Sófocles. Griffith, por outro lado, nota que o poeta recorre muitas vezes ao chamado "*enjambement* sofocliano" (colocação no final do verso de uma ou duas palavras articuladas sem pausa com o verso seguinte, como, por exemplo, vv. 43-4: "Evita/ gastar inutilmente tua energia"), e usa o prólogo dialogado (vv. 1-87; os dramas de Ésquilo normalmente começam com monólogos que introduzem o mito, diferentemente da *Antígone* e do *Édipo em Colono*, com exórdios dialogados). O predomínio de diálogos no *Prometeu* (três quartos do total de versos) nos faz pensar antes em Sófocles e Eurípides do que em Ésquilo.

Para Griffith, a natureza apócrifa do *Prometeu* seria ainda comprovada por seu estilo simples e por seu tom coloquial, que ocupam o lugar da linguagem metafórica, repleta de imagens mânticas, das outras seis peças de Ésquilo. Os coros, compostos de metros variados, têm discreta função dramática na tragédia. A montagem talvez tenha necessitado

---

[15] Bernard Knox, *The Heroic Temper: Studies in Sophoclean Tragedy*, Berkeley, California University Press, 1966, pp. 45 ss.

[16] Essa tese, defendida, entre outros, por Karl Reinhardt, é hoje pouco aceita. Ela nasceu da necessidade de justificar a existência de dois personagens em cena, conforme os demais dramas de Ésquilo; ver Oliver Taplin, *The Stagecraft of Aeschylus*, Oxford, Clarendon Press, 1977, pp. 243 ss.

de recursos inexistentes na época do poeta.[17] Um número elevado de palavras não reaparece em outras obras do autor. Os que discordam de Griffith poderiam repetir a justificativa de Knox para a presença de traços sofoclianos no *Prometeu*: Ésquilo escreveu a tragédia entre 458 e 456 a.c., dez anos, portanto, depois da estreia de Sófocles, que o derrotou num concurso no início de sua carreira. O poeta poderia ter sofrido influência não apenas de Sófocles, como também da retórica sofística emergente em Atenas no final de sua vida. Quanto às diferenças entre a peça aqui traduzida e as outras seis de autoria indiscutível (apenas seis, seja frisado, das noventa que Ésquilo escreveu), talvez seja o caso de lembrar o comentário do mais ilustre resenhista de Griffith: Ésquilo foi um artista da família de Picasso, cuja exposição em ordem cronológica sugere uma plêiade de pintores.[18]

---

[17] Griffith, *op. cit.*, pp. 30-1, não acredita que Ésquilo dispusesse, em sua época, da maquinaria necessária para a entrada aérea de Oceano e provavelmente do coro (por intermédio de um guindaste acionado no fundo do palco). Para uma ampla discussão sobre a montagem da peça, inclusive no que concerne à utilização de um rochedo natural (*pagos*) projetado na orquestra (espaço ocupado pelo coro), sobre o qual Prometeu permaneceria preso, ver N. G. L. Hammond, "The Conditions of Dramatic Production to the Death of Aeschylus", *Greek, Roman and Byzantine Studies*, vol. 13, 1972, pp. 387-450; Taplin, *op. cit.*; e Dana Ferrin Sutton, "The Date of *Prometheus Bound*", *Greek, Roman and Byzantine Studies*, vol. 24, 1983, pp. 289-94.

[18] Cf. C. J. Herington, "Aeschylus: The Last Phase", *Arion*, vol. 4, nº 3, 1965, p. 388. As críticas do autor ao livro de Griffith foram publicadas no *Philological Quarterly*, vol. 58, 1979, pp. 116-8, e no *American Journal of Philology*, vol. 100, 1979, pp. 420-6. Na primeira resenha, Herington comenta as particularidades estruturais do *Prometeu*: utilização de metros ausentes das outras seis peças, pequena dimensão dos cantos líricos, presença discreta da estrutura anelar (*ring-composition*; cf. v. 220, em que Prometeu retoma o tema do sofrimento; ou vv. 812-3, referentes a 795-6), uso especial de partículas (*kaítoi*, introduzindo uma objeção do falante a seu próprio discurso, v. 100, frequente em Sófocles e Eurípides, só é empregada nesta peça por Ésquilo), elementos sofísticos (defesa do

Diferentemente de outros dramas do autor, *Prometeu* não faz referência à situação política da época. Já se tentou associar a imagem tirânica de Zeus ao governante de Siracusa, Hierão.[19] Ésquilo fez duas viagens à Sicília; teria escrito o *Prometeu* na segunda delas, pouco antes de morrer em 456 a.C., em Gela. São obscuros os motivos da última viagem, ocorrida depois do falecimento do tirano (467/6), que o convidara para montar *Os Persas* em Siracusa entre 472 (data da apresentação da peça em Atenas) e 467 a.C. (produção da tetralogia tebana). Todavia, não há razão para supor que o dramaturgo tenha tido acerca de Hierão uma opinião diferente da de Píndaro: "admirável pai para os estrangeiros"

---

progresso tecnológico). Herington discorda da interpretação que Griffith apresenta desses dados, observando que as particularidades formais do *Prometeu* talvez reflitam a escolha de um tema inusual. No que diz respeito às evidências externas, o resenhista não encontra fundamento na teoria formulada por Griffith, segundo a qual Aristóteles e Aristófanes de Bizâncio (200 a.C.) não teriam baseado seus comentários em fontes didascálicas (registros dos contemporâneos dos trágicos com dados sobre os concursos poéticos, cujo valor documental, no século V a.C., Griffith coloca em dúvida), mas em relatos pouco confiáveis da tradição (Herington lembra que, entre os trágicos mais destacados do século IV a.C., contemporâneos de Aristóteles, estavam membros da família de Ésquilo).

[19] Ver Georges Méautis, *L'Authenticité et la date du Prométhée Enchaîné d'Eschyle*, Neauchâtel/Genève, Faculté des Lettres/Droz, 1960. Uma análise das ideias centrais desse livro encontra-se em T. C. W. Stinton, *Collected Papers on Greek Tragedy*, Oxford, Clarendon Press, 1990. Sobre as viagens de Ésquilo à Sicília, ver C. J. Herington, "Aeschylus in Sicily", *The Journal of Hellenic Studies*, vol. 87, 1967, pp. 74-85. Enzo Degani examina a obra de Ésquilo sob o prisma político, apoiado em vasta bibliografia, cf. "Democrazia ateniese e sviluppo del dramma attico", em *Storia e civiltà dei Greci* (org. R. B. Bandinelli), vol. 3, Milão, Bompiani, 2000, pp. 258-80. Para o helenista italiano, não só *Os Persas* (v. 470), apresentada oito anos após a batalha de Salamina, de que Ésquilo participou, teria se inspirado na política da época, como *Prometeu*, cuja tensão refletiria a disputa entre o representante da aristocracia despótica, Zeus, e o paladino dos artesãos atenienses, Prometeu, que preparavam o caminho para o "milagre econômico" do período de Péricles.

(*Pítica*, 3, 71). A influência do ambiente cultural de Siracusa, berço da retórica, é mais evidente. A última fase da produção de Ésquilo, que acentua a cisão entre cosmos divino e humano, inspirou-se provavelmente na teoria de Empédocles (493-422 a.C.), fundamentada na ação de dois princípios opostos: Amizade e Discórdia. O poeta deve ter feito parte do círculo do discípulo de Empédocles, Górgias, o inventor da "prosa de arte", que se transferiu da Sicília para Atenas apenas em 427 a.C. Com efeito, os versos 460-1 do *Prometeu*, onde se lê que a "composição das letras" ("escrita") é a "memória de todas as coisas", trazem à mente a ideia de que "as letras" são "o instrumento da memória" (Górgias, *Palamedes*, b11-30). Os versos 459-60 indicam que o poeta teve contato com a filosofia pitagórica; ao escrever "inventei o prodígio das ciências/ — o cálculo" (*arithmón, éksokhon sophismáton/ ekseûron*), Ésquilo lembra ditos como: "o mais sábio de tudo, o cálculo" (*pánton sophótatos ho arithmós*).

Os ecos da cultura sofístico-filosófica em voga não só na Magna Grécia como em Atenas, são notáveis em diversos pontos do *Prometeu*. Ficamos tentados, como escreveu Griffith, a relacionar o verso 266, "voluntariamente, voluntariamente errei" (*hekón hekón hémarton*) com a frase socrática "ninguém erra voluntariamente" (*oudeís hekón hamartánei*, *Protágoras*, 345d).[20] Na fala sarcástica de Poder (v. 62), o sentido de *sophistés* é o corrente no século V a.C.: sofista (cf., por exemplo, Aristófanes, *Nuvens*, 317). Mas é na descrição de Prometeu acerca do progresso tecnológico que se percebe com maior clareza o impacto da cultura racionalista do século V. Em lugar da opinião pessimista de Hesíodo sobre a decadência das raças, encontramos um elogio fabuloso das conquistas humanas, num crescendo que parte das necessi-

---

[20] Cf. *Aeschylus: Prometheus Bound*, op. cit., p. 137. Os exemplos de elementos sofísticos no *Prometeu* que apresentei foram apontados pelo autor em sua preciosa edição da tragédia.

dades básicas de sobrevivência para atingir aspectos mais sofisticados da vida, decorrentes do avanço iluminista. Registre-se que esse catálogo não faz qualquer referência a questões políticas. O verso 237 deixa claro que o fogo é o símbolo da tecnologia. Nesse trecho, Prometeu reelabora o tema da Esperança (*Elpís*), que não mais aparece presa no jarro, como em Hesíodo, nem permanece ao lado dos mortais, na fuga dos demais deuses, como em Teógnis (vv. 1.135-6: "entre os homens, Esperança é a única deusa favorável; os outros deuses deram-lhes as costas, em direção ao Olimpo"). Na tragédia, trata-se de uma esperança "cega", que impede que os homens prevejam a morte e abortem suas aspirações, ideia bastante cara a Horácio, que irá escrever: "*prudens futuri temporis exitum/ caliginosa nocte premit deus*" (*Odes*, III, 29, vv. 29-30: "um deus prudente encobre na noite densa o desfecho do tempo futuro").

Métrica e critérios de tradução

A estrutura métrica da tragédia grega é bastante complexa. Nos diálogos, predomina o trímetro jâmbico, que possui o seguinte esquema:

$$\times - \cup - \quad \times - \cup - \quad \times - \cup -$$

Em outros termos, a primeira sílaba do segmento ("pé") pode ser breve ou longa; a segunda, longa; a terceira, breve; a quarta, longa. Essa unidade é repetida três vezes no verso. Em lugar da alternância entre sílabas átonas e tônicas, em grego o ritmo varia entre breve e longa (esta última tendo duas vezes a duração da breve).

Por outro lado, a métrica dos coros é muito diversificada e apresenta dificuldade ainda maior de escansão, decorrente, entre outros motivos, do acúmulo de elisões e cesuras, comuns nesses trechos.

Na tradução de *Prometeu Prisioneiro*, uso o decassílabo na maior parte dos diálogos, com variação acentual, respeitando os parâmetros rítmicos possíveis para esse tipo de verso em português. Nos episódios corais e nos diálogos que não seguem o padrão do trímetro jâmbico, emprego versos com outros padrões métricos, privilegiando a acentuação nas sílabas pares.

Sobre o autor

As biografias dos poetas gregos resultam em grande parte da construção da tradição. Isso se deve ao fato de que pouquíssimas informações confiáveis se preservaram ao longo do tempo. As lacunas incontornáveis foram sendo preenchidas pelo imaginário de diferentes épocas. Esse tipo de construção, que ganha muitas vezes contorno romanesco, fruto da carência de dados factuais, começa com Homero, objeto de estudo recente de Pierre Judet de La Combe (*Homère*, Paris, Gallimard/Folio Biographies, 2017), e envolve poetas posteriores, como os trágicos. O caso de Eurípides é exemplar. Por volta de 408 a.C., a convite do rei Arquelau, o autor transferiu-se para a Macedônia, de onde só retornou a Atenas em 407-6 a.c., para ser sepultado, tendo sido objeto de uma extraordinária oração fúnebre, composta por Sófocles (morto no mesmo ano). Não se conhecem os motivos de sua mudança, mas a tradição encarregou-se de justificá-la: desgosto por se considerar desprestigiado em sua cidade natal. Com base nessa amargura hipotética, a fantasia anônima chegou a difundir a história de que o poeta teria escrito sua obra isolado numa caverna...

Isso posto, seguem alguns dados razoavelmente seguros da vida e da carreira de Ésquilo, que nasceu em 525 a.C. em Elêusis, a 20 quilômetros noroeste de Atenas, e faleceu em 456 a.C. em Gela, na Sicília, onde, a convite de Hierão, compôs uma tragédia que celebrava a fundação da cidade de Etna. Teve participação militar destacada na batalha de Maratona (490 a.C.) e, provavelmente, de Salamina (480 a.C.). Seu epitáfio faz referência aos feitos que levou a cabo em Maratona, sem mencionar sua bem-sucedida carreira de poeta, autor de 70 peças segundo o *Codice Mediceo*, ou de

90, de acordo com a enciclopédia bizantina *Suda*. Desse total, apenas sete chegaram até nós: *Os Persas* (472 a.C.), *Sete contra Tebas* (467 a.C.), *As Suplicantes* (463 a.C.), a trilogia *Oresteia* (*Agamêmnon*, *Coéforas* e *Eumênides*, 458 a.C.) e *Prometeu Prisioneiro*. Em 484 a.C., obteve sua primeira vitória em concurso de tragédia, à qual se somariam outras doze.

Dez anos antes de seu nascimento, foi introduzido nas Grandes Dionísias o concurso de disputa trágica (534 a.C.), durante o reinado de Pisístrato. Quando o poeta contava 15 anos de idade (510 a.C.), pôde presenciar outro episódio que alteraria profundamente a estrutura política de Atenas: a expulsão do filho de Pisístrato, Hípias, e de seu clã, e o fortalecimento de Clístenes, que introduziu um experimento sem precedentes na cidade, a constituição (507 a.C.), que garantiria os fundamentos da democracia.

Sugestões bibliográficas

BENARDETE, Seth. "The Crimes and Arts of Prometheus". *Rheinisches Museum*, vol. 107, n° 2, 1964, pp. 126-39.

CONACHER, D. J. *Aeschylus' Prometheus Bound: A Literary Commentary*. Toronto: University of Toronto Press, 1980.

DUCHEMIN, Jacqueline. *Prométhée: histoire du mythe, de ses origines orientales à ses incarnations modernes*. Paris: Les Belles Lettres, 1974.

EARP, F. R. *The Style of Aeschylus*. Cambridge: Cambridge University Press, 1948.

FITTON-BROWN, A. D. "Prometheia". *The Journal of Hellenic Studies*, vol. 79, 1959, pp. 52-60.

FOWLER, Barbara Hughes. "The Imagery of the *Prometheus Bound*". *American Journal of Philology*, vol. 78, n° 2, 1957, pp. 173-84.

GAGARIN, Michael. *Aeschylean Drama*. Berkeley: University of California Press, 1976.

GRIFFITH, Mark. *The Authenticity of Prometheus Bound*. Cambridge: Cambridge University Press, 1977.

_____. *Aeschylus: Prometheus Bound*. Cambridge: Cambridge University Press, 1983.

HERINGTON, C. J. "Aeschylus in Sicily". *The Journal of Hellenic Studies*, vol. 87, 1967, pp. 74-85.

_____. *The Author of the Prometheus Bound*. Austin: University of Texas Press, 1970.

KONSTAN, David. "The Ocean Episode in the *Prometheus Bound*". *History of Religions*, vol. 17, n° 1, 1977, pp. 61-72.

LLOYD-JONES, Hugh. "Zeus, Prometheus, and Greek Ethics". *Harvard Studies in Classical Philology*, vol. 101, 2003, pp. 49-72.

MARSTOM, John M. "Language of Ritual Cursing in the Binding of Prometheus". *Greek, Roman, and Byzantine Studies*, vol. 47, 2007, pp. 121-33.

MARZULLO, Benedetto. *I sofismi di Prometeo*. Florença: La Nuova Italia Editrice, 1993.

PODLECKI, Anthony J. *The Political Background of Aeschylean Tragedy*. Ann Arbor: The University of Michigan Press, 1966.

_____. "Reciprocity in the *Prometheus Bound*". *Greek, Roman, and Byzantine Studies*, vol. 10, 1969, pp. 287-92.

SAÏD, Suzanne. *Sophiste et tyran, ou le problème du Prométhée Enchaîné*. Paris: Klincksieck, 1985.

SÉCHAN, Louis. *Le Mythe de Prométhée*. Paris: Presses Universitaires de France, 1967.

TAPLIN, Oliver. *The Stagecraft of Aeschylus: The Dramatic Use of Exits and Entrances in Greek Tragedy*. Oxford: Clarendon Press, 1977.

THOMSON, George. *Aeschylus and Athens: A Study in the Social Origins of Drama*. Londres: Lawrence & Wishart, 1966.

WEST, Martin L. "The Prometheus Trilogy". *The Journal of Hellenic Studies*, vol. 99, 1979, pp. 130-48.

WHITE, Stephen. "Io's World: Intimations of Theodicy in *Prometheus Bound*". *The Journal of Hellenic Studies*, vol. 121, 2001, pp. 107-40.

Excertos da crítica

"À glória da passividade contraponho agora a glória da atividade, que o *Prometeu* de Ésquilo ilumina. Aquilo que o pensador Ésquilo tinha aqui a nos dizer, aquilo que ele como poeta apenas nos deixou pressentir através de sua imagem alegórica, é o que o jovem Goethe soube nos desvendar nas arrojadas palavras de seu Prometeu:

> *Aqui sentado, formo homens*
> *À minha imagem,*
> *Uma estirpe que seja igual a mim,*
> *Para sofrer, para chorar,*
> *Para gozar, para alegrar-se*
> *E para não te respeitar,*
> *Como eu!*[1]

O homem, alçando-se ao titânico, conquista por si a sua cultura e obriga os deuses a se aliarem a ele, porque, em sua autônoma sabedoria, ele tem na mão a existência e os limites desta. O mais maravilhoso, porém, nesse poema sobre Prometeu, que por seu pensamento básico constitui o próprio hino da impiedade, é o profundo pendor esquiliano para a *justiça*: o incomensurável sofrimento do 'indivíduo' audaz, de um lado, e, de outro, a indigência divina, sim, o pressentimento de um crepúsculo dos deuses, o poder que compele os dois mundos do sofrimento à reconciliação, à unificação metafísica — tudo isso lembra, com máxima força, o pon-

---

[1] J. W. Goethe, "Prometheus" (poema), 1774, vv. 51-7.

to central e a proposição principal da consideração esquiliana do mundo, aquela que vê a Moira tronando, como eterna justiça, sobre deuses e homens. Dada a espantosa audácia com que Ésquilo coloca o mundo olímpico nos pratos da balança da justiça, devemos ter presente que o heleno profundo dispunha, em seus Mistérios, de um substrato inamovivelmente firme de pensar metafísico e que podia descarregar nos Olímpicos todos os seus acessos céticos. O artista grego, em especial, experimentava com respeito às divindades um obscuro sentimento de dependência recíproca e precisamente no *Prometeu* de Ésquilo tal sentimento está simbolizado. O artista titânico encontrava em si a crença atrevida de que podia criar seres humanos e, ao menos, aniquilar deuses olímpicos: e isso, graças à sua superior sabedoria, que ele, em verdade, foi obrigado a expiar pelo sofrimento eterno. O magnífico 'poder' do grande gênio, que mesmo ao preço do perene sofrimento custa barato, o áspero orgulho do *artista*, eis o conteúdo e a alma da poesia esquiliana, enquanto Sófocles, em seu *Édipo*, entoa, qual um prelúdio, o hino triunfal do santo. Mas não é tampouco com a interpretação dada por Ésquilo ao mito que se mede neste a assombrosa profundidade de seu terror: o prazer de vir-a-ser do artista, a alegria da criação artística a desafiar todo e qualquer infortúnio, é apenas uma luminosa imagem de nuvem e de céu que se espelha sobre um lago negro de tristeza. A lenda de Prometeu é possessão original do conjunto da comunidade dos povos árias e documento de sua aptidão para o trágico profundo. Sim, talvez não fosse até inverossímil que esse mito, de um modo inerente, tivesse para o ser ariano a mesma significação característica que o mito do pecado original tem para o semítico, e que entre os dois mitos exista um grau de parentesco como entre irmão e irmã. O pressuposto desse mito prometeico é o valor incalculável que o homem ingênuo atribui ao *fogo* como verdadeiro paládio de toda cultura nascente: mas que o homem reine irrestritamente sobre o fogo e que o receba não como uma dádiva do céu, como raio incendiário ou como ardente queimar do Sol, isto é algo que àqueles contemplativos homens primevos parecia um sacrilégio, um roubo perpetrado contra a natureza divina. E assim o primeiro problema filosófico estabelece imediatamente uma penosa e insolúvel contradição entre homem e deus, e a coloca como um bloco rochoso à porta de cada cultura. O melhor e o mais excelso do que é dado à humanidade participar, ela o consegue graças a um sacrilégio, e precisa agora aceitar de novo as suas consequências, isto é, todo o caudal de sofrimentos e pesares com que os ofendidos Celestes afligem o nobre gênero humano que aspira ao ascenso: é um áspero pensamento que, através da *dignidade* que confere ao sacrilégio, contrasta estranhamente com o mito semítico do pecado original, em que a curiosidade, a ilusão mentirosa, a sedutibilidade, a cobiça, em suma, uma série de afecções particularmente femininas são vistas como a origem do mal. O que a representação ariana distingue é a ideia sublime do *pecado ativo* como a virtude genuinamente prometeica: com o que é encontrado ao mesmo tempo o substrato ético da tragédia pessimista, como a *justificação* do mal humano e, na verdade, tanto da culpa humana quanto do sofrimento por ela causado. A desventura na essência das coisas — que o contemplativo ariano não está propenso a afastar capciosamente —, a contradição no âmago do mundo se lhe revela como uma confusão de mundos diversos, por exemplo, de um mundo divino e um mundo humano, dos quais cada um, como indivíduo, está certo, mas, como mundo singular ao lado de outro, tem de sofrer por sua individuação. Na heroica impulsão do singular para o geral, na tentativa de ultrapassar o encanto da individuação e de querer ser ele mesmo a *única* essência do mundo, padece ele em si a contradição primordial oculta nas coisas, isto é, comete sacrilégio e sofre. Assim, os árias entendem o sacrilégio como homem e os semitas entendem o pecado como mulher, do mesmo modo que o sacrilégio original é perpetrado pelo homem e o pecado original pela mulher. De resto, diz o coro das bruxas:

> *Nós não tomamos isso tão a rigor:*
> *Com mil passos a mulher o faz;*
> *Mas, por mais que ela se apresse,*
> *O homem o perfaz com um pulo.*[2]

---

[2] J. W. Goethe, *Fausto I*, 1808, "Noite de Valpúrgis", vv. 3.981-4.

Quem compreende esse cerne interior da lenda de Prometeu — quer dizer, a necessidade de sacrilégio imposta ao indivíduo que aspira ao titânico — deverá também sentir ao mesmo tempo o não apolíneo dessa concepção pessimista; pois Apolo quer conduzir os seres singulares à tranquilidade precisamente traçando linhas fronteiriças entre eles e lembrando sempre de novo, com suas exigências de autoconhecimento e comedimento, que tais linhas são as leis mais sagradas do mundo. Mas, para que a forma, nessa tendência apolínea, não se congelasse em rigidez e frieza egípcias, para que no esforço de prescrever às ondas singulares o seu curso e o seu âmbito não fosse extinto o movimento do lago inteiro, de tempo em tempo a maré alta do dionisíaco torna a desfazer todos aqueles pequenos círculos em que a 'vontade' unilateralmente apolínea procura constranger a helenidade. Essa repentina maré montante do dionisíaco toma então sobre o seu dorso as pequenas vagas dos indivíduos, assim como o irmão de Prometeu, o titã Atlas, tomou sobre o seu dorso a Terra. Esse afã titânico de ser como que o Atlas de todos os indivíduos e carregá-los com a larga espádua cada vez mais alto e cada vez mais longe, é o que há de comum entre o prometeico e o dionisíaco. O Prometeu esquiliano é, nessa consideração, uma máscara dionisíaca, ao passo que, no profundo pendor para a justiça antes mencionado, Ésquilo trai, ao olho penetrante, a sua descendência paterna de Apolo, o deus da individuação e dos limites da justiça. E assim a dupla essência do Prometeu esquiliano, sua natureza a um só tempo dionisíaca e apolínea, poderia ser do seguinte modo expressa em uma formulação conceitual: 'Tudo o que existe é justo e injusto e em ambos os casos é igualmente justificado'.
Isso é o teu mundo! Isso se chama um mundo!"[3]

Friedrich Nietzsche (*O nascimento da tragédia* [1872], tradução de Jacó Guinsburg, São Paulo, Companhia das Letras, 1992, pp. 65-9)

---

[3] J. W. Goethe, *Fausto I*, "Noite", v. 409.

"As imagens que descrevem a posição de Prometeu, prisioneiro e rebelde, se desenvolvem até definirem todo o conflito que o envolve: Zeus cheio de ira, desconfiado de seus amigos e ameaçado com sua deposição dos céus, ávido por Io e algoz de Prometeu; Io enlouquecida e forçada a vagar; Oceano confiante em sua capacidade de aplacar a ira de Zeus; as Oceânides repreensivas mas determinadas a permanecerem leais a Prometeu, membro de sua família, e ameaçadas de destruição por essa lealdade.

Esse mesmo padrão de imagens, derivado do passado para criar um presente dramático, prediz o futuro; ele antecipa a conclusão da trilogia e, ao fazê-lo, cria o drama maior de *Prometeu Prisioneiro*.

O conceito grego de saúde como uma *isonomia* de poderes, de doença como uma *monarquia* de um poder, fornece a cada uma das imagens do campo da medicina um poder peculiar para definir as tensões do presente: tensões nas almas de seus personagens, tensões na ordem do universo. Esse mesmo conceito torna cada uma dessas imagens em profetizadoras de uma harmonia futura ou *isonomia* de poderes conflitantes.

Prometeu, então doente e sem cura, revelará, ao fim, seu segredo a Zeus; em troca, Zeus enviará Héracles para libertá-lo; ele o livrará de seu jugo, o curará de sua enfermidade. E Zeus mitigará sua ira; cessará a desconfiança em relação a seus amigos; aliviará a mazela de Io, a libertará do jugo que a prende, do aguilhão e do açoite que a atormentam. Ele será curado da sua moléstia, a do tirano. Ambos, ele e Prometeu, encontrarão a harmonia ou *isonomia* adequada às suas almas individualmente. Como resultado, haverá uma *isonomia* de forças no universo: a proporção perfeita que é a justiça."

Barbara Hughes Fowler (*"*The Imagery of the *Prometheus Bound"*, *The American Journal of Philology*, vol. 78, nº 2, 1957, pp. 183-4)

"Por outro lado, *Prometeu Prisioneiro* marca uma expansão radical do domínio da referência temática que é característica do mito. Enquanto as histórias divinas fornecem tipicamente os arquétipos sagrados dos fenômenos cotidianos ou sazonais, Ésquilo aplicou o poder valorativo do mito aos eventos que são seculares, em ambos os sentidos da palavra: a escala de tempo abrange gerações e as ações são motivadas politicamente, sem considerar tradições sagradas.[4] Da mesma forma, os eventos não são recorrentes. A conexão do drama com o mito é, assim, essencialmente comemorativa, não uma participação no ato divino, mas uma imitação dele. Em outras palavras, *Prometeu Prisioneiro* não é uma performance ritual mas teatro.

Ao mesmo tempo, entretanto, as tensões encenadas em *Prometeu Prisioneiro* não são apenas uma representação retrospectiva de embates históricos das gerações passadas; elas são também uma resposta, acredito, aos problemas políticos e anseios contemporâneos em Atenas. Na verdade, a revolução democrática não aboliu as contradições da sociedade ateniense, como o teriam esperado a primeira geração da democracia e os vencedores em Maratona e Salamina. O próprio Ésquilo foi um engajado observador da transformação em andamento das instituições tradicionais e das divisões sociais que vieram à luz no processo.

De certo ponto de vista, então, podemos interpretar a encenação das batalhas originais entre os deuses como um meio mítico de reexperimentar indiretamente os embates da criação e como uma reafirmação da confiança na ordem que emerge do caos. O mito dá forma e significado aos conflitos do presente. A grandeza de *Prometeu Prisioneiro* é transmitir essa visão do todo de forma a reco-

---

[4] Vale mencionar o fato óbvio de que *Prometeu Prisioneiro*, de forma única dentre todas as tragédias gregas supérstites e aquelas das quais temos algum conhecimento, tem como seu tema uma história cosmogônica na qual figuras humanas, como Io, assumem um papel essencialmente secundário. A distinção entre deuses e heróis ou sujeitos mortais do mito era clara para os gregos, e a escolha da história em *Prometeu Prisioneiro* representa uma inovação para o gênero, que nunca encontrou um imitador dentre os tragediógrafos clássicos.

nhecer sem pestanejar a necessidade de que aqueles engajados na batalha devem lutar por seus objetivos parciais e se esforçar no calor do momento pela vitória mais do que pela harmonia. Prometeu, que tanto conhece o futuro e ainda assim deve sofrer com seu desenrolar, que é dividido entre a fúria e a profecia, cujos humores opostos sucedem uns aos outros em alternâncias extremas de sentimento, é o arquétipo do homem na história, empenhado na luta incessante a serviço de uma ideia universal de paz."

David Konstan ("The Ocean Episode in the *Prometheus Bound*", *History of Religions*, vol. 17, nº 1, 1977, pp. 70-2)

"Ao construir esse enredo, o autor se baseou fortemente nos poemas hesiódicos. Porém, a transformação da narrativa moralizante de Hesíodo num drama de tom e proporções trágicos envolveu um arrojado processo de seleção, adaptação e inovação. O pai hesiódico de Prometeu, Jápeto, foi omitido, assim como seus irmãos de má reputação, Menoécio e Epimeteu (mas o poderoso Atlas é proeminente, vv. 347-50 e 425-30), e Prometeu agora é ele próprio um Titã, filho da Terra (nomeada alternadamente na tragédia como Gaia e Têmis, cf. 18, 209-10, 351-2, 874 e 1.091), ou seja, ele é tio em vez de primo de Zeus.[5] Omitida foi também qualquer menção ao embuste em Mecona, a causa original da ira de Zeus de acordo com Hesíodo, ou à criação da mulher (Pandora).[6]

---

[5] Nenhum pai de Prometeu é mencionado (vv. 18-20). Urano é pai dos outros Titãs (164-5, 205; cf. *Prometheus Lyómenos*, fr. VIII.2), como em Hesíodo; mas, como Prometeu não é de fato chamado "Titã" nessa peça (como o é em Sófocles, *Édipo em Colono*, 56; e Eurípides, *Íon*, 455, e *Fenícias*, 1.122), ele é também distinto dos outros pela ênfase em sua relação com Gaia-Têmis — até mesmo a identificação inusual das duas figuras como uma só contribui para tal distinção (204-6, 209-10). Em Hesíodo, Têmis é ela própria um dos doze Titãs (*Teogonia*, 135).

[6] Prometeu também recebe uma esposa não hesiódica, Hesíone, embora não pareça que ela tenha qualquer importância para o drama (vv. 558-60).

Junto com a nova ascendência de Prometeu aparecem duas grandes inovações, ambas envolvendo seu conhecimento do futuro. Primeiro, o dramaturgo transferiu para Prometeu o papel desempenhado por Gaia na Titanomaquia de Hesíodo, o de fornecer o conselho crucial que possibilitou a Zeus e aos deuses olímpios derrotarem os Titãs (199-221, 219-21; cf. também 439-40). Segundo, Prometeu é agora dotado de mais um conhecimento do qual depende a sobrevivência do governo de Zeus. A origem desse tema talvez resida na narrativa feita por Hesíodo do casamento de Zeus e Métis, e o nascimento de Atena, no qual Gaia novamente forneceu conselho vital (*Teogonia*, 886-900); mas a fonte mais imediata parece ser Píndaro, *Ístmica*, 8.27 ss. (cf. vv. 768, 924-5),[7] na qual Têmis salva Zeus e Posêidon de tentarem se casar com Tétis, ao lhes contar da profecia de que Tétis teria um filho mais poderoso que seu pai (então os deuses a casam com Peleu).[8] Ao combinar esse tema com a história de Prometeu, o autor da tragédia acrescentou uma nova dimensão ao embate entre Prometeu e Zeus; de fato, a presciência de Prometeu se torna a chave para a resolução de todo o drama.

Ao longo da peça, a narrativa hesiódica da ascensão de Zeus ao poder e seu conflito com Prometeu deveria estar na nossa memória, como sem dúvida estava na da audiência ateniense.[9] Somos

---

[7] É possível que tanto Píndaro como o *Prometeu* se baseiem numa fonte comum (como, por exemplo, um épico perdido).

[8] Tétis aparece com frequência na literatura grega antiga possuindo poderes extraordinários (como, por exemplo, em Homero, *Ilíada*, I, 396-406, VI, 135-7, XVIII, 394-405).

[9] Mais elementos hesiódicos (alguns com significado alterado) incluem: o papel de Poder e Força (vv. 1-87); a ocultação do fogo num talo de funcho (109-10); a responsabilidade de Prometeu pela presença, ou ausência, da Esperança entre os homens (250); o tratamento por parte de Zeus dos derrotados Titãs (219-21); os destinos de Atlas (347-50) e Tífon (351-72). Claro, devemos ter em mente que o próprio Hesíodo, sem dúvida, moldou *suas* versões do mito de Prometeu para seus propósitos (acima de tudo, para glorificar Zeus); pode bem ter havido um papel mais complacente para Prometeu na tradição pré-hesiódica, e essa tradição pode ter

constantemente lembrados do contraste entre o embusteiro e ladrão de menor importância em Hesíodo, que trouxe misérias para a humanidade ao competir com Zeus, e esse Titã, que ajudou a conduzir Zeus ao poder, resgatou a humanidade da destruição planejada por ele (vv. 231-6),[10] e agora conhece o segredo que pode salvar ou destruir o próprio Zeus.

À parte essas modificações dos elementos familiares do mito de Prometeu, o dramaturgo também adicionou uma inesperada reviravolta à narrativa ao introduzir Io, que pertence a uma tradição inteiramente separada (vv. 561-886). Nada na literatura ou na arte grega anterior nos preparou para a sua presença nesse drama; mas no curso de uma longa cena (que ocupa quase um terço da peça), o dramaturgo consegue desenvolver conexões sutis e efetivas entre as figuras de Io e Prometeu, e explora habilmente as possibilidades e incertezas de seus futuros."[11]

> Mark Griffith (*Aeschylus: Prometheus Bound*, Cambridge, Cambridge University Press, 1983, pp. 5-6)

"Filósofos também se inspiraram em Prometeu ou o utilizaram como símbolo. Para Karl Marx, Prometeu foi 'o mais eminente santo e mártir no calendário filosófico'.[12] Na teoria marxista, o trabalhador está acorrentado ao sistema capitalista 'de modo ainda mais efetivo do que Prometeu foi preso à rocha pelos grilhões for-

---

sobrevivido em várias formas locais mesmo depois que os poemas de Hesíodo se tornaram as "versões autorizadas". Mas a evidência é quase totalmente inexistente.

[10] O motivo e os meios dessa destruição não são especificados: eles podem talvez ter sido derivados do *Catálogo* hesiódico (fr. 204 M-W; cf. vv. 232-3).

[11] Ver vv. 561-886.

[12] Do prefácio da tese doutoral de Marx de 1841 em Jena, na qual ele compara as filosofias da natureza de Demócrito e Epicuro.

jados por Hefesto'. Em 1859, aos quinze anos, Nietzsche produziu um drama de um ato intitulado *Prometeu*, e retornou à história na seção 9 de *O nascimento da tragédia* (1872). No mito, e em particular na sua apresentação em *Prometeu Prisioneiro*, Nietzsche baseou a moral de que 'O melhor e o mais excelso do que é dado à humanidade participar, ela o consegue graças a um sacrilégio, e precisa agora aceitar de novo as suas consequências, isto é, todo o caudal de sofrimentos e pesares com que os ofendidos Celestes afligem o nobre gênero humano'.

Em *Le Prométhée mal enchaîné* (1899; que se traduz *Prometeu mal acorrentado* ou *Prometeu solta suas correntes*), André Gide relança a fábula em Paris na virada do século XIX para o XX. Zeus é um rico banqueiro, Prometeu sua vítima não tão relutante. Prometeu diz a um garçom num café parisiense, que lhe pergunta sobre sua ocupação, que 'costumava fabricar palitos de fósforo'. No curso da ação, Prometeu convoca sua águia-abutre, com quem parece ter um tipo de relação erótica, e de bom grado oferece seu fígado para alimentar a tinhosa ave; ela se torna cada vez mais forte e bela enquanto o próprio Prometeu fica cada vez mais esquálido. A versão de Gide termina, no entanto, com final feliz, mas de forma um tanto irônica. Prometeu, irritado com a águia por não responder às suas perguntas, 'Quem lhe enviou? Por que você me escolheu? Qual é a sua natureza?', mata a ave (tornando-se ele próprio, por consequência, 'gordo, bem-arrumado e sorridente') e faz o garçom servi-la no almoço ('Eu a como sem nenhum sentimento de hostilidade; se ela tivesse me feito sofrer menos, seria menos gorda; se tivesse sido menos gorda, seria menos deliciosa'). Duas edições posteriores da obra, uma tradução de 1909 para o alemão e uma reedição francesa de 1920, foram ilustradas com desenhos de Pierre Bonnard. Em seu *Diário*, na data de 14 de dezembro de 1933, Gide escreveu (depois que se desiste do medo engendrado pela crença em Deus): 'Entenda hoje que a sabedoria começa onde o medo termina, que ela começa com a revolta de Prometeu'.

No breve rascunho (*Skizze*) feito por Franz Kafka de quatro histórias sobre Prometeu (1918), a quarta é: 'Alguém se cansou do que se tornou sem sentido [*grundlos*]: os deuses se cansaram, as águias se cansaram, a ferida se fechou cansada'. Sigmund Freud discutiu o mito num curto ensaio intitulado *A aquisição e o controle do fogo* (1932). O roubo do fogo por Prometeu foi causado pelo Id, a vida instintiva, mas ao compartilhar os frutos ilícitos de seus esforços, Prometeu renunciou a esse instinto. Isso provocou ressentimento, hostilidade e agressividade da parte de uma divindade primitiva que ainda não é simbólica de um Superego, mas é 'ainda a representante da vida proeminente dos instintos'. Freud escreve do 'ressentimento que o herói da cultura não poderia deixar de despertar nos homens guiados por seus instintos'. O crescimento noturno do fígado de Prometeu é 'o renascimento dos desejos libidinosos depois que eles foram apagados por meio da saciedade'. Fica claro a partir de outras referências que Freud interpretou tanto o fogo como a águia-abutre como símbolos fálicos.

O filósofo e romancista francês Albert Camus fez uso extensivo da figura de Prometeu. Uma adaptação de *Prometeu Prisioneiro* foi encenada pelo Théâtre du Travail, uma trupe que Camus ajudou a organizar em Argel na primavera de 1937, e Prometeu é colocado dentre os 'rebeldes' arquetípicos na obra de 1951 de Camus *L'homme révolté*. Num curto ensaio intitulado 'Prométhée aux enfers' (1954), Camus chamou Prometeu de 'o modelo do homem contemporâneo... esse herói que ama demasiado os homens a ponto de lhes dar, ao mesmo tempo, o fogo e a liberdade, as técnicas e as artes... O herói acorrentado mantém, em meio ao raio e ao trovão divinos, sua fé tranquila no homem'. Para Camus, a mensagem de Prometeu era de que a arte não deve ser separada da 'máquina', ou seja, o que deve ser evitado a qualquer custo é uma ênfase exacerbada na técnica, que certamente levaria à sua desumanização.

Em 1920, Bertolt Brecht compôs um pequeno poema expressionista intitulado 'Prometeu' no qual o sofredor aguarda estoicamente cada novo dia e a inevitável chegada de seu voraz abutre. Posteriormente, em seu *Diário*, no dia 2 de outubro de 1945, há breve sinopse de uma peça que Brecht aparentemente pretendia escrever, mas nunca o fez. Os deuses, ignorantes e malignos, engordaram por conta das oferendas que eles espertamente extorquiam. Quando Prometeu inventa o fogo e tenta entregá-lo aos deuses, eles o aprisionam para evitar que ele o entregue aos humanos. Prometeu nada ouve sobre o tal fogo por um longo tempo, e então, certo dia, vê no horizonte o que é claramente um holocausto nuclear que os deuses de alguma forma engendraram para destruir a raça humana. Brecht anota que em sua peça os deuses apareceriam apenas como o coro. Muitos outros autores alemães do século XX, especialmente da extinta Alemanha Oriental, também voltaram seus talentos para a história de Prometeu."

> A. J. Podlecki (*Aeschylus: Prometheus Bound*, Oxford, Aris & Phillips, 2005, pp. 59-61)

"*Prometeu Prisioneiro* é, em primeiro lugar, um estudo da natureza e do exercício do poder. A série de personagens com quem Prometeu interage dá corpo às operações da autocracia, numa série de participações especiais que exibem respostas diferentes ao *establishment* e à manutenção do poder por meio da força bruta e da intimidação. Repete-se enfaticamente que Zeus chegou há pouco ao trono e sob as mais violentas circunstâncias. A peça apresenta uma narrativa bastante familiar da violenta repressão que se segue a um *coup d'état* e à instalação de um novo ditador.

Em seu esplêndido isolamento, Prometeu talvez seja o mais contundente daqueles súditos, mas seus interlocutores são também bastante significativos, tanto por definir a figura central como por exemplificar as vítimas, os colaboradores ou os representantes do regime. Já na cena de abertura (vv. 1-127), compare-se o sadismo entusiasmado de Poder com a relutante resposta do deus da técnica, Hefesto.

Enquanto abstrações associadas a Zeus, Poder e Força derivam de Hesíodo (*Teogonia*, v. 385), como parte de um grupo de conceitos personificados muito pouco desenvolvidos. Em *Prometeu Prisioneiro*, eles encarnam o novo regime. Por meio de Poder, em particular, a força de Zeus é elaborada enquanto violência física e intolerância bruta. A boca de Poder é tão suja quanto sua aparência (v. 78); ele faz referência à sua própria impaciência e pressa (79-80). Como Zeus, ele é *trakhýs* (rude e feio, 80; cf. vv. 35 e 186). Poder enfatiza repetidamente a necessidade de Hefesto ser mais violento do que o habitual (*biai*, 74; cf. vv. 15, 52, 55 e 58). Poder pode ter sido elaborado com pinceladas bem grosseiras, mas ele representa bem o tipo de bandido tosco para o qual os regimes despóticos oferecem incontáveis oportunidades de trabalho. Mas ele também tem um conjunto de princípios: a piedade é uma perda de tempo, sem sentido, irrelevante (36, 43-4) — ao menos, a piedade pelo inimigo de alguém (36; e também 67-8). Poder encarna a retaliação. O primado da lei é o primado do medo (41). Tanto ele quanto Hefesto reconhecem Zeus como severo e opressivo (*barýs*, 'pesado', 77; cf. v. 17). A noção de justiça de Poder (*díke*, 30, cf. v. 9), que Prometeu transgrediu, é aquela da hierarquia cósmica: ele concedeu privilégios divinos (*géras*, 38; *géra*, 82) aos mortais. O termo é geralmente usado para oferendas sacrificiais, mas aqui evoca as noções aristocráticas de mérito social e político. A quebra da divisão social constitui um ato de violação (*hýbrize*, 82). Embora tal atribuição geralmente demande consentimento da sociedade, somente Zeus, o monarca, é quem poderia atribuir privilégios.[13] Poder faz ainda a marcante afirmação de que sob a monarquia ninguém é verdadeiramente livre — e Hefesto concorda (49-51):

PODER
Os deuses tudo provam, salvo o mando;
somente Zeus conhece o livre-arbítrio.

HEFESTO
Bem sei. É irrefutável esse fato.

---

[13] Discutido por Prometeu nos versos 229-31; adiante, ele sugere que ele próprio teve nisso algum papel. Para uma disputa similar pela fonte dos privilégios dos deuses olímpicos, veja Eurípides, *Alceste*, v. 55. Compare Agamêmnon distribuindo privilégios na *Ilíada*, IX, 334 e 367; para o consentimento ou distribuição popular, veja *Ilíada*, I, 123, 135, 276, XVI, 56; *Odisseia*, VII, 150; para a disputa pela fonte de privilégio, veja I, 161-2. Hefesto usa o termo "honras" (*timás*, v. 30), que é também bastante significativo.

O uso de *eleútheros* (livre) situa a peça dentro do debate do século V sobre a natureza dos direitos políticos e da liberdade. A vida sob Zeus é de constante vigilância (vv. 53-4). É possível ser livre sob tal regime? Não segundo Poder ou Hefesto."

    Ian Ruffell (*Aeschylus: Prometheus Bound*, Londres, Bristol Classical Press, 2012, pp. 29-31)

Introdução a *Prometeu Prisioneiro*[1]

C. J. Herington

I. O MITO

Prometeu Prisioneiro, diferente de qualquer outra tragédia grega sobrevivente, leva-nos quase aos primórdios deste universo. Ela se passa em uma época em que os deuses do Olimpo eram novos, e quando até mesmo os poderes elementares do Mar, da Terra e do Céu ainda não haviam se transformado em matéria física inerte, mas eram personalidades tangíveis — amavam, procriavam e guerreavam. O grande mito cosmogônico ao qual esses personagens monstruosos pertencem é mais antigo do que a civilização grega, e muito mais difundido. Muitos de seus elementos podem ser encontrados na mitologia do antigo Oriente Próximo, e alguns em lugares tão distantes quanto a antiga Gália e a Índia.[2] Esse sonho internacional de nossos primórdios é, de certa forma, infinitamente remoto, especialmente para a imaginação do

---

[1] "Introduction to *Prometheus Bound*", *Arion: A Journal of Humanities and the Classics*, Boston University, New Series, vol. 1, nº 4, 1973/1974, pp. 640-67, texto depois republicado em *Aeschylus: Prometheus Bound*, translated by James Scully and C. J. Herington, Nova York/ Oxford, Oxford University Press, 1975. A presente tradução ao português foi realizada por Gaya de Castro Cunha.

[2] Há um levantamento sobre essa questão em M. L. West, *Hesiod: Theogony* (Oxford, Clarendon Press, 1966), que é a edição comentada padrão do poema de Hesíodo. Para traduções ao inglês desta e de outras

leitor moderno com educação formal. No entanto, seus contornos ainda valem o esforço para serem apreendidos à medida que nos aproximamos do *Prometeu Prisioneiro*. Pois o milagre supremo da peça talvez seja o seguinte: a partir de um distante mito de criação, Ésquilo conjurou uma figura política e religiosa cuja influência se expandiu, em vez de diminuir, com o passar dos séculos. Hoje, seu Prometeu transportou as memórias do mito para muito além de seu antigo território — além até mesmo das fronteiras sombrias que foram estabelecidas pelas ideologias do século XX. Várias traduções foram publicadas na Rússia pós-revolucionária e, em 1961, uma tradução chinesa (com o *Agamêmnon*) apareceu em Pequim.

O mito de criação deve ter sido conhecido por Ésquilo em muitas versões que não existem mais, mas felizmente ainda temos a versão que provavelmente era a mais familiar a ele e a seu público-alvo em meados do século V a.C. Está incorporada nos poemas de Hesíodo (que floresceu por volta de 700 a.C.): principalmente em sua *Teogonia*, mas também, até certo ponto, em *Os trabalhos e os dias*. A *Teogonia* ensina como nosso universo, uma vez formado a partir do Caos primevo, caiu sucessivamente sob três regimes, representando três gerações da mesma família divina. Esquematicamente, e com inúmeras figuras deixadas de fora, a árvore genealógica apresentada por Hesíodo tem a seguinte configuração (os consortes reais de cada geração são mostrados em letras maiúsculas):

---

obras de Hesíodo a serem discutidas nesta seção, o leitor deve consultar *Hesiod, the Homeric Hymns, and Homerica*, org. H. G. Evelyn-White (Londres/Cambridge, MA, William Heinemann/Harvard University Press, 1936).

Os destinos das três regências divinas foram variados. Urano foi castrado por seu filho mais novo, Cronos, e destronado. Mas os filhos de Cronos, por sua vez, também eram rebeldes. Chegou o momento em que se eles revoltaram sob a liderança do mais jovem deles, Zeus. Eles venceram Cronos em uma guerra cósmica e lançaram-no no poço mais profundo do Tártaro, juntamente com a maioria dos outros Titãs. Desde esse estupendo levante, de acordo com Hesíodo, Zeus tem reinado no Céu, seguro em sua posse do trovão e do relâmpago (*Teogonia*, vv. 71-2) e acompanhado por seus ministros Rivalidade, Vitória, Poder e Força (*Teogonia*, 383-403). No entanto, duas das divindades mais antigas conseguiram sobreviver ilesas a essas revoluções celestiais: Terra e Oceano. (O mito antigo, apesar de toda a sua estranheza, geralmente mantém-se fiel, a seu próprio modo, às realidades observáveis. A terra firme e as águas agitadas, bem como o céu brilhante e passivo, não poderiam ser abolidos; eles poderiam, na melhor das hipóteses, ser afastados.) Terra, a idosa avó da dinastia divina, persiste em toda a história de Hesíodo, influenciando os eventos por meio de um poder que lhe é único: *ela sabe*! Ela tem uma consciência do destino, da forma como as coisas realmente são, que é negada até mesmo aos deuses masculinos mais altivos, Urano, Cronos e Zeus. Oceano não é tão importante para a narrativa de Hesíodo. Ele mantém-se distante da política do universo, dedicando-se conscienciosamente à sua profissão, que é circundar o mundo conhecido com seu enorme curso d'água.

Comparado a qualquer um desses seres, o Prometeu de Hesíodo tem um status bastante insignificante. Ele não está nem um pouco envolvido na grande revolução dos olímpicos contra os Titãs. Ele aparece apenas como o filho do titã Jápeto, e ele e seus três irmãos (Atlas, Menoécio e Epimeteu) têm direito a apenas uma, duvidosa, distinção: todos eles pecaram contra Zeus e não conseguiram escapar impunes. É verdade que Hesíodo demonstra um evidente interesse nos delitos e na punição de Prometeu (*Teogonia*, 507-616, e novamente em *Os trabalhos e os dias*, 42-105), mas a moral da história, como ele a conta, é, sem rodeios, *que não se pode enganar Zeus* (*Teogonia*, 613, *Os trabalhos e os dias*, 105). O pecado mais notável de Prometeu, o roubo do fogo para a humanidade, foi punido com o acorrentamento e com uma águia enviada para roer seu fígado; somente muito tempo depois, de acordo com uma passagem da *Teogonia* cuja autenticidade tem sido questionada (526-34), é que Héracles matou a águia, "não sem a vontade de Zeus, que é o Senhor nas alturas". Estranhamente, as palavras de Hesíodo não deixam claro se Héracles também libertou Prometeu. O pecado pelo qual Prometeu pagou tão caro nem mesmo beneficiou a humanidade. A dádiva do fogo, que é a única dádiva mencionada por Hesíodo, levou simplesmente ao que foi (aos olhos do poeta deploravelmente antifeminista) um desastre completo: a primeira mulher, Pandora!

Até onde sabemos, Prometeu era tido pelos gregos em geral — e até mesmo, em certa medida, pelo próprio Hesíodo — como semicômico: um malandro despudorado que desafiou a Providência de maneiras extraordinariamente engenhosas e foi devidamente castigado por isso. É um fato notável que quase todos os relatos literários da Grécia antiga sobre Prometeu que sobreviveram, completos ou em fragmentos, ou são abertamente comédias evidentes ou foram, pelo menos, escritos de forma humorística. Havia uma comédia perdida do contemporâneo siciliano de Ésquilo, Epicarmo, intitulada *Prometeu ou Pirra*, e a peça sobrevivente de Aristófanes, *As Aves*, contém um episódio tumultuoso de Prometeu em seu final. No século II d.C., o satirista grego Luciano ainda extrairá um pouco de diversão leve e civilizada de Prometeu em seus diálogos *Prometeu ou o Cáucaso* e *Você é um Prometeu verbal*. Até mesmo o grande mito de Protágoras sobre a criação da humanidade (conforme relatado em Platão, *Protágoras*, 320c-322d), por mais sérias que sejam suas implicações, não trata Prometeu com grande respeito, e refere-se a seu irmão, Epimeteu, com total frivolidade. Estranhamente, o próprio Ésquilo parece ter, no início, compartilhado a atitude geral em relação a Prometeu. Sua peça sobrevivente mais antiga, *Os Persas*, de 472 a.C., fazia parte de uma trilogia de tragédias que foi seguida, de acordo com o costume das competições dionisíacas, por uma peça satírica leve. Sabe-se que o título da peça satírica naquela ocasião era *Prometeu*, e há bons motivos para identificá-la com uma peça satírica de Ésquilo que é citada em outro lugar como *Prometeu Pyrkaeus* ("Acendedor-de-Fogo"). Não faz muito tempo, um cântico provavelmente interpretado pelo coro de sátiros dessa peça veio à tona em um papiro. Embora fragmentário, ele permite que se vislumbre uma dança selvagem, na qual os sátiros movimentam-se em torno do "brilho incansável" do fogo recém-fornecido por Prometeu, e elogiam-no por seu benefício à humanidade; eles também esperam ser acompanhados por uma ou duas Náiades, para completar o prazer da ocasião.[3] Prometeu ainda estava no

---

[3] Os fragmentos desse cântico foram traduzidos por H. Lloyd-Jones

pensamento de Ésquilo — e *ainda* em um contexto satírico — em 467 a.C., quando ele produziu sua tetralogia sobre a história tebana (incluindo a sobrevivente *Sete contra Tebas*). Um dos poucos fragmentos da peça satírica dessa produção, *A Esfinge*, menciona Prometeu e sua guirlanda — uma guirlanda que é "a melhor das correntes".[4] Essa misteriosa guirlanda-corrente, como se verá, reaparece mais tarde na obra de Ésquilo, mas então no contexto alterado de uma *tragédia*. Pois parece que, bem perto do fim da vida do poeta, Prometeu começou a tomar uma forma totalmente diferente em sua imaginação, e a assumir, pela primeira vez, a estatura titânica e trágica que hoje é tão familiar ao leitor de Goethe, Shelley ou Karl Marx.

II. O Prometeu Prisioneiro

Ésquilo competiu pela primeira vez no festival dionisíaco por volta de 500 a.C. Durante sua longa carreira como dramaturgo, ele compôs, provavelmente, quase noventa tragédias e peças satíricas. De toda essa produção, apenas sete tragédias sobreviveram completas, datando dos últimos dezesseis anos de sua vida. A peça *Os Persas* foi produzida, como já foi mencionado acima, em 472 a.C., e *Sete contra Tebas*, em 467. Em algum ano subsequente (há alguns indícios para situá-lo em 463 a.C., mas eles não são absolutamente conclusivos), Ésquilo produziu a tetralogia cuja única peça sobrevivente é *As Suplicantes*. Na primavera de 458, ele produziu a tetralogia *Oresteia*, da qual temos todas as peças trágicas (*Agamêmnon*, *As Coéforas*, *As Eumênides*), mas não a

---

em seu apêndice a H. W. Smyth, *Aeschylus* (Londres/Cambridge, MA, William Heinemann/Harvard University Press, 1957), vol. II, p. 566.

[4] O fragmento está traduzido em H. W. Smyth, *Aeschylus*, *op. cit.*, vol. II, p. 460.

peça satírica que a acompanha (*Proteu*). Pouco tempo depois, ele deixou Atenas para uma viagem à Sicília, de onde, como se viu, nunca mais voltou; ele morreu na cidade siciliana de Gela em 456/5 a.C., com a idade (provável) de 69 anos. Infelizmente, não existem evidências diretas sobre a data de *Prometeu Prisioneiro*. Para chegar a uma data, o principal recurso é comparar o estilo, a técnica e os temas da peça com os das anteriores, datadas, mas os estudiosos que tentaram aplicar esse método chegaram a resultados muito diferentes. Quase todos concordaram que *Prometeu Prisioneiro* não pode ser tão antiga quanto *Os Persas*. Uma minoria chegou a afirmar que ela nem é de autoria de Ésquilo, e que deve ter sido composta em algum período após sua morte. A maioria, talvez, nos últimos anos, concluiu que ela deve ser posterior à *Oresteia* e, portanto, deve datar de sua última visita à Sicília. A questão não é fácil, e não se pode esperar um consenso completo sobre a resposta, a menos que surjam novas evidências. Com base nas evidências que temos, entretanto, o presente autor é da opinião de que a última conclusão mencionada é, de longe, a mais provável: a peça *Prometeu Prisioneiro* deve pertencer aos dois últimos anos da vida de Ésquilo. A maioria de suas razões é de natureza técnica,[5] mas talvez uma delas mereça breve menção aqui. Na tetralogia de *As Suplicantes*, e ainda mais na *Oresteia*, tomamos conhecimento de duas tendências que se relacionam na imaginação de Ésquilo: uma preocupação crescente com a natureza de Zeus, e uma insistência na ideia de uma divisão entre os poderes divinos do universo. Nenhuma dessas tendências é visível nas duas primeiras peças, *Os Persas* e *Sete contra Tebas*; por outro lado, elas são levadas a um clímax explosivo em *Prometeu Prisioneiro*, em que a ação humana se tornou qua-

---

[5] Elas são apresentadas, com referências a pontos de vista divergentes sobre a questão, em meu livro *The Author of the Prometheus Bound* (Austin/Londres, University of Texas Press, 1970).

se insignificante, a divisão entre os poderes divinos é aparente assim que a peça começa, e a natureza de Zeus é questionada tão ferozmente quanto em qualquer obra pagã antiga. Se essa perspectiva do assunto estiver correta, então Ésquilo descobriu, muito tarde em sua vida, que o modesto Prometeu, que esteve em sua imaginação por pelo menos quatorze anos, poderia agora servi-lo em seu último e mais radical esforço para transmitir sua visão sobre os estados humano e divino. Em seguida, tentaremos acompanhar o processo de transformação resultante, até onde as evidências permitam.

Em geral, a imagem do Universo e de sua história inicial, que Ésquilo pressupõe em *Prometeu Prisioneiro*, é muito semelhante à imagem apresentada por Hesíodo. As diferenças significativas estão relacionadas às realizações e à genealogia de Prometeu. Ésquilo dá tanta ênfase a essas diferenças, especialmente na parte inicial da peça, que é possível acreditar que elas eram estranhas até mesmo para o público a que se destinava; em outras palavras, nesses pontos ele está introduzindo material inteiramente novo. Assim, o primeiro e o segundo episódios (193-396, 436-525) consistem, em grande parte, em uma exposição direta do papel extremamente importante que Prometeu desempenhou respectivamente na história divina e na civilização da humanidade. Essas passagens expositivas estáticas, embora possam ser poemas nobres por si só, são um fenômeno raro no teatro ático. Pode ser mera coincidência o fato de Hesíodo ter ficado em completo silêncio com relação a Prometeu em seus papéis de fazedor cósmico de reis e de inventor de todas as artes humanas? Cresce a suspeita de que, nesses dois episódios, Ésquilo está inventando de modo livre — e, consequentemente, o leitor aqui, assim como o público original, tem o privilégio de estar presenciando o momento da *criação* desse imponente Prometeu que tanto influenciou a imaginação ocidental moderna. Outra diferença em relação à tradição de Hesíodo, e talvez a mais crucial de todas, é genealógica: Ésquilo faz de Prometeu não o neto da Terra, mas seu filho, e esse ponto é enfatizado, como se fosse bastante estranho para o público, no verso 209. Ali, e nos versos 18 e 873, a Terra é identificada, de forma pouco usual e sem dúvida significativa, com a deusa Têmis, a "Justiça". Dessa forma, Prometeu torna-se um membro da geração divina mais antiga, os Titãs, e tio de Zeus, em vez de um primo obscuro. De seus irmãos, Ésquilo retém apenas a figura espetacular e magnificamente sofredora de Atlas, provavelmente porque sentiu que o cômico e estúpido Epimeteu, bem como o vago pecador Menoécio, estavam abaixo da dignidade de seu novo Prometeu. Um resultado adicional e importante da nova posição genealógica do último é que, como filho da Terra, ele entra em contato direto com os poderes proféticos dela. Assim, ele pode compartilhar conhecimentos que estão ocultos até mesmo para Zeus — acima de tudo, o segredo de que Zeus, a menos que seja avisado a tempo, um dia irá se deitar com uma jovem cujo filho está destinado a ser maior do que o pai. Esse segredo é, de fato, a única arma de Prometeu na luta contra Zeus. Naturalmente, ele não mencionará o nome da jovem no decorrer de *Prometeu Prisioneiro*, mas, a partir de outras evidências (o antigo comentário grego sobre a peça e outras versões do mito), deduzimos que ela era a deusa do mar Tétis; e que, no final, os deuses judiciosamente casaram-na com um mortal, Peleu... (O resultado desse casamento foi Aquiles, de fato mais poderoso do que seu pai ou qualquer outro herói de sua época.) Mas no *Prometeu Prisioneiro*, de Ésquilo, tudo isso está em um futuro que ainda não nasceu. O segredo do estranho destino de Tétis é conhecido apenas pela Terra e por seu filho Prometeu. Daí, de fato, vem a tensão que se desenvolve no decorrer da tragédia. Zeus, que recentemente triunfou na guerra contra os Titãs, agora possui todo o poder físico disponível no Universo; enquanto Prometeu possui o conhecimento que pode, com o tempo, tornar esse poder inútil e derrubar Zeus de seu trono.

O caminho agora está livre para uma consideração da estrutura geral da peça que Ésquilo passou a criar. Com exceção de seu prólogo e fim tempestuosos, há pouca ação física. Durante a maior parte da trama, o personagem central, inevitavelmente imóvel, conduz uma série de conversas com uma procissão de visitantes — o coro, Oceano, Io e Hermes — e, desses visitantes, apenas o coro permanece por mais de um episódio. Mas antes que se chegue à conclusão grosseira (como tem ocorrido com frequência) de que *nada acontece* entre o prólogo e o fim, devemos lembrar que não estamos diante de Shakespeare, Webster ou Eurípides, mas de Ésquilo. Esse é um tragediógrafo que, como se sabe, raramente faz algo da mesma maneira por duas vezes; estando tão próximo daquele ponto milagroso da história ocidental em que a *poesia* foi transfigurada em *teatro*, ele é mais livre e menos fácil de ser enquadrado em qualquer padrão do que a maioria de seus sucessores. Entretanto, em um aspecto seu método — ou seria sua visão do modo como a vida funciona? — é consistente. Ele habitualmente trata um determinado evento físico como sendo a mera manifestação visível de um vasto complexo de ideias e forças morais, que às vezes (especialmente em suas últimas peças sobreviventes) estende-se até os limites do Universo. Em sua peça mais conhecida, por exemplo, o *Agamêmnon*, há muito menos ação física do que no próprio *Prometeu Prisioneiro*. Até mesmo o único evento físico que importa ali, o assassinato do grande rei, ocorre fora do palco, e de certa forma é tirado do foco por ser visto em detalhes, por Cassandra, alguns minutos antes de acontecer. A maior parte do *Agamêmnon* explora não esse evento em si, mas suas causas e seu significado. Sob esse ponto de vista, os episódios aparentemente em *staccato* de *Prometeu Prisioneiro* apresentam uma progressão de ideias constante e harmoniosa; no final, nem Prometeu, nem Zeus, nem toda a situação no universo são parecidos com o que eram no ruidoso e violento prólogo, em que o calado ladrão do fogo estava sendo passivamente preso à rocha para uma punição aparentemente ilimitada e inalterável. Já vimos como os dois episódios que se seguem a esse prólogo transformam o ladrão do fogo em uma figura cósmica. Depois deles, o próximo grande movimento da peça está compreendido nos versos 526-907. Até agora, o conhecimento de Prometeu sobre o segredo do casamento foi mencionado apenas com misteriosa obscuridade (170-7, 186-92, 511-25); esse movimento irá trazê-lo à luz até onde Prometeu ousar, revelará sua importância central e também levará diretamente à catástrofe final. O longo episódio de Io é aqui emoldurado por duas odes corais, que estão ligadas tematicamente, e também musicalmente — a variedade distinta do metro usada, em grego, em ambas as odes é particularmente notável porque não ocorre em nenhum outro lugar na obra sobrevivente de Ésquilo. Ambas as odes refletem sobre o poder irresistível dos deuses do Olimpo, sobre a falta de defesa de todos os seres inferiores diante dele, e sobre a *união sexual*, que será o tema dominante de todo esse movimento. A primeira ode, no entanto, termina com a união solene e ritual de Prometeu com sua igual Hesíone, em matrimônio, enquanto a segunda se concentra no terror severo de um acasalamento desigual e violento entre deus e um inferior. O longo episódio de Io, que fica entre as odes, é um exemplo específico e terrível dessa crueldade divina. Como resultado da luxúria de Zeus, e do ciúme de Hera, essa jovem mortal foi deformada no corpo e na mente, e expulsa de seu lar para viajar em tormento. Aqui, os limites imaginativos da peça irrompem repentinamente para além da rocha desértica da cordilheira do Cáucaso. Os relatos das andanças passadas e futuras de Io conduzem o ouvinte em um vasto giro no sentido horário, desde o palácio de seu pai em Argos, passando pelo local de sofrimento de Prometeu, até o extremo Oriente povoado por monstros, depois para o sul, até a remota Etiópia e, finalmente, descendo o Nilo, de sua lendária nascente até o Delta. Esse exemplo supremo da opressão da humanidade por Deus, expressa em termos sexuais, estimula Prometeu a finalmente revelar os detalhes da ameaça que ele exerce sobre Zeus. Em um diálogo colocado no centro da cena de Io (757-70), ele revela o segredo quase em sua totalidade, sem dar o nome da jovem que Zeus escolherá para seu contato fatal.

Entretanto, o clímax desse tema é reservado até imediatamente após a cena de Io. Em um discurso estrondoso (907-27), Prometeu grita furiosamente seu segredo para o céu, em um desafio direto a Zeus. O cenário agora está montado para um segundo confronto entre Prometeu e os poderes do Olimpo, com implicações infinitamente mais amplas do que aquela que ocorreu no prólogo. Agora é uma guerra entre a força bruta e o conhecimento inabalável, entre o monarca reinante do Universo e o patrono da humanidade sofredora. O desafio faz com que Hermes desça do céu para ameaçar Prometeu com o único recurso disponível de Zeus: mais violência. O titã ainda se recusa a nomear a jovem, e a peça termina com uma tempestade cósmica em meio à qual ele afunda na rocha.

Assim, o *Prometeu Prisioneiro*, como um todo, parece apresentar um desenvolvimento coerente, mesmo que seja um desenvolvimento de *ideias* e não de *ações*. Em detalhes, há ainda muitas passagens problemáticas, sendo que nem tocamos no problema mais interessante de todos: o significado religioso e político da história. Essas questões serão abordadas na próxima seção.

III. A PEÇA E SUA SEQUÊNCIA

A longa história da interpretação de *Prometeu Prisioneiro* é quase a história de um espelho. Românticos, liberais e socialistas, olhando para essas profundezas perturbadoras, encontraram nelas uma justificativa esquiliana do romantismo, do liberalismo e do socialismo, respectivamente. Por outro lado, os autoritários, desde a Bizâncio medieval, enfatizaram com aprovação a punição esmagadora concedida ao rebelde contra a Autoridade Suprema. Em uma palavra: "Diga-me o que você é, e eu direi o que você pensa sobre *Prometeu Prisioneiro*"... O presente autor não tem motivos para acreditar que tenha sido especialmente isento dessa lei. Portanto, a interpretação a seguir é apresentada com humildade. Não se trata de um pronunciamento definitivo, mas da indicação de alguns fatores que podem ajudar o leitor a decidir por si mesmo.

Podemos pelo menos começar com uma afirmação com a qual, provavelmente, todos os críticos podem concordar, independentemente de suas ideologias: no presente da peça *Prometeu Prisioneiro*, o governo de Zeus sobre o universo é representado como um despotismo do tipo mais brutal. O deus supremo é feito para se parecer com o padrão grego antigo do tirano (no sentido mais desfavorável dessa palavra), e não há dúvida de que isso é deliberado. Ele recebe todos os atributos usuais do tirano encontrados nos historiadores e pensadores políticos gregos, de Heródoto a Aristóteles: ele governa sem leis, seduz suas súditas (Io é um exemplo), planeja o assassinato indiscriminado de seu povo, é tão desconfiado que não confia nem mesmo em seus amigos.[6] Mas o *Prometeu Prisioneiro* vai muito além de citar os atributos gregos tradicionais. Aqui chegamos a um dos aspectos mais inquietantes da peça: especialmente no prólogo e na cena final com Hermes, ela apresenta um estudo da tirania *em ação*, e seus efeitos sobre vítimas e agentes, que não têm paralelo

---

[6] Esses pontos são elencados, com referências completas aos historiadores e filósofos gregos, por George Thomson, principalmente em sua edição de *Prometheus Bound* (Cambridge, Cambridge University Press, 1932), pp. 6 ss. De particular interesse é o esboço de um tirano em Heródoto, *Histórias*, 3.80, que foi escrito apenas uma ou duas décadas após a data presumida de nossa peça.

em toda a literatura antiga e prenuncia os métodos do totalitarismo do século XX. O resumo a seguir de uma pesquisa recente sobre técnicas contemporâneas de lavagem cerebral merece uma pausa de alguns instantes: "Isolamento, privação de sono, intimidação, acusações de falsidade repetidas e infindáveis, manutenção de posições muito dolorosas, mudança abrupta de atitude por parte do interrogador, do vilipêndio à compreensão amigável e à compaixão, e depois de volta à severidade... essas são as características básicas. [...] [O prisioneiro] pode ter correntes aplicadas às pernas e algemas".[7] Quase todas as características dos campos de prisioneiros do século XX podem, de fato, ser encontradas em *Prometeu Prisioneiro* sem que seja necessário forçar as evidências. Vemos aqui um adversário político cuja vontade deve ser quebrada pelo regime a todo custo, por meio do isolamento de todos os outros seres, da tortura, do aprisionamento e até mesmo por meios psicológicos (o esforço final de Poder para perverter o próprio nome de Prometeu é digno de nota); os brutais agentes auxiliares, muito familiares a nós, Poder e sua colega Força,[8] que em uma produção moderna poderiam estar vestidos com impecáveis uniformes pretos e botas de cano alto; o técnico gentil e apolítico, Hefesto, pressionado a fazer mau uso de suas habilidades para os propósitos infames do regime; e, finalmente, o oficial de alto escalão do partido, Hermes, que não suja as próprias mãos com violência, mas age como um especialista em lavagem cerebral, alternando entre ameaças e apelos afáveis à razão. Esses paralelos entre a peça antiga e a prisão moderna parecem confirmar o fato de que, em *Prometeu Prisioneiro*, o regime de

---

[7] *Times Literary Supplement*, 14/8/1969, p. 893: de uma resenha de S. M. Meyers e A. D. Biderman (orgs.), *Mass Behavior in Battle and Captivity* (Chicago, University of Chicago Press, 1969).

[8] O gênero grego de seu nome indica, quase sem sombra de dúvida, que Força é uma agente policial *feminina*.

Zeus está sendo representado como uma tirania odiosa — não apenas pelos critérios da antiga cidade-estado grega, mas também pelos padrões de todas as sociedades democráticas em todas as épocas.

Este fator na situação dramática parece, assim, certo, e é tentador, para alguns leitores mais antigos, parar nesse conceito sublime e aterrorizante: *Deus é um tirano*, empenhado em suprimir o benfeitor dos homens e em impedir o despertar da humanidade! Mas, felizmente, não é tão simples assim. Há dois outros fatores que parecem igualmente certos e que devem ser levados em conta por qualquer pessoa que deseje honestamente decifrar a mensagem de Ésquilo. Esses fatores podem ser resumidos da seguinte forma:

1) As contradições em Prometeu como aparecem na peça sobrevivente *Prometeu Prisioneiro*;

2) As evidências sobre as sequências hoje perdidas da peça sobrevivente — acima de tudo, os fragmentos de *Prometeu Libertado*.

As contradições em Prometeu podem ser primeiramente ilustradas a partir de seu grande discurso de abertura (88-127), que acontece de modo a ser metricamente sem paralelo em toda a tragédia grega, na medida em que modula da fala para o recital, depois volta para a fala, para a canção completa e então volta para o recital, combinando, desse modo, todos os três níveis de interpretação que estavam à disposição de um tragediógrafo grego (isso será discutido em mais detalhes na seção IV). Ou talvez "acontece" não seja a palavra correta. Pode-se argumentar que Ésquilo está enfatizando, deliberadamente, desde o início, por meios musicais, a natureza incomparável de seu protagonista. A fala começa com o apelo calmo e majestoso de Prometeu aos elementos, que é proferido em um discurso sem acompanhamento. Em seguida, muito abruptamente (93), Prometeu entra em um recital no qual lamenta seu sofrimento terrível e aparentemente ilimitado; mas, de forma igualmente abrupta (101), volta à fala, agora afirmando que pode prever cada detalhe do futuro, e que deve suportá-lo. No entanto, ele já havia recomeçado a lamentar seu destino quando é interrompido pelo som e pela fragrância ainda não identificáveis do coro que se aproximava, o que o estimulou a gritar aterrorizado (114) e a cantar com força total. Em seguida, ele retorna ao recital, a princípio desafiando orgulhosamente os deuses, mas caindo logo num pânico absoluto: *"Eu tenho medo do que quer que aconteça!"*. Esse padrão estranho repete-se em seu diálogo lírico subsequente com o coro, embora agora não seja mais acentuado por mudanças abruptas nos metros gregos. Aqui suas falas são lamentações desesperadas, até que ele menciona ameaçadoramente o plano misterioso pelo qual o trono de Zeus estará em perigo. O diálogo se encerra (186-92) com uma mudança de atitude ainda mais extraordinária: a visão de um futuro em que ele e Zeus se estimarão como amigos.

Mesmo com base nas evidências mencionadas até agora, Prometeu parece ser deliberadamente representado como um composto instável de sofredor mortal e profeta imortal, assim como Io, nessa mesma representação, é um composto instável de humano e novilha (sendo seu elemento novilha expresso mais brilhantemente, embora não apenas, em seus cantos de abertura e encerramento). Em um momento, Prometeu está totalmente absorto, como qualquer um de nós, seres humanos, nas emoções e agonias do presente; em outro, ele tem a visão ilimitada e atemporal de um deus. Sendo assim, seus instantes de inspirada profecia merecem uma inspeção cuidadosa por qualquer pessoa que queira entender a totalidade da concepção de Ésquilo com relação à história de Prometeu. Eles transportam-nos, assim como transportam o próprio Prometeu, para longe do hediondo presente dramático, rumo a um futuro muito diferente. O mais importante de tudo, sob esse ponto de vista, é com certeza a profecia culminante de Prometeu, na cena de Io (844-74), que é claramente precedida por uma prova convincente de seus poderes mediúnicos, e concluída pela declaração solene de que é derivada de Terra-Têmis. No futuro distante que é aberto por essa passagem, Zeus *não* se deita com Io, e sim apenas a devolve a si mesma e a acaricia "com uma mão que você não mais teme", gerando milagrosamente uma criança, Épafo; dessa criança descende, por sua vez, uma longa e nobre linhagem, culminando no maior de todos os heróis, Héracles; e Héracles liberta Prometeu.

Entretanto, no discurso seguinte de Prometeu (após a canção de saída de Io e a ode coral), o gentil Zeus, a sensata Io, e sua própria libertação dada pelo descendente de Io, desapareceram de seus pensamentos como se nunca tivessem existido. Várias outras contradições desse tipo ocorrem na peça: compare os conteúdos de 93-100 com os de 257-8, 511-25, 755-6, 771-4. Mas Prometeu é inconsistente consigo mesmo também em outros aspectos. Embora seja um adversário ferrenho da tirania e da opressão no presente da tragédia, ele admite a responsabilidade pelo trabalho de equipe que resultou na derrota e na prisão de Cronos e seus companheiros Titãs (219-21), por ter "ajudado [Zeus] a estabelecer sua tirania" (305), e por ter organizado a estrutura de poder do regime vitorioso (439-40). A segunda dessas confissões pode ter soado particularmente sinistra ao público de Atenas, pois, no grego, Prometeu usa as mesmas palavras da antiga lei ateniense contra qualquer pessoa que *estabelecesse, ou ajudasse a estabelecer, uma tirania* em sua cidade.[9] Igualmente estranha é a atitude contraditória de Prometeu em relação a dizer a verdade, na cena de Io. Em um momento, ele promete a Io a verdade plena e indisfarçável (609-11, 617, 816-7), em outros, ele nega isso a ela (621, 776), ou masca-

---

[9] A lei é citada por Aristóteles, *Constituição de Atenas*, 16.10.

ra a verdade em uma obscuridade oracular (775). Por fim, foi recentemente demonstrado, com um grande número de exemplos, que quase todas as características odiosas atribuídas a Zeus nessa peça (principalmente por Prometeu) — teimosia, raiva, imprudência, aspereza — são também atribuídas ao próprio Prometeu por meio de outros personagens, incluindo simpatizantes como o coro.[10]

Em vista desses fenômenos, temos provavelmente que reconhecer que *Prometeu Prisioneiro*, assim como o *Agamêmnon*, está muito longe de ser uma oposição simplista entre a virtude irrepreensível e a maldade incurável. Em vez disso, estamos em um estágio de pesadelo desse universo, no qual a verdadeira natureza de qualquer personagem, em qualquer nível, é irremediavelmente elusiva. Io é uma vaca louca ou a mãe serena de heróis? Prometeu é um sofredor humano ou um vidente divino, um campeão da humanidade ou um membro descontente do partido totalitário divino? Zeus é o ditador impiedoso do universo ou seu pai benéfico? De baixo para cima na cadeia do ser, as ambiguidades persistem, e não há nenhum ponto em que a mente possa descansar com certeza moral ou política, com uma possível e misteriosa exceção: a sabedoria e a presciência de Terra. Talvez a ambiguidade mais atormentadora de todas, para aqueles que foram condicionados a ler *Prometeu Prisioneiro* como partidários convictos de Prometeu ou de Zeus, seja isto: *há uma linhagem de Zeus no próprio Prometeu.*

Por outro lado, poderia ter havido uma linhagem de Prometeu em Zeus? E será que em algum momento, quando o universo tiver envelhecido e os ecos das terríveis convulsões de sua origem tiverem desaparecido, as boas qualidades de *cada* personagem, por atração mútua, poderão unir os dois?

---

[10] Esse ponto importante foi demonstrado por A. J. Podlecki no artigo "Reciprocity in the *Prometheus Bound*" (*Greek, Roman, and Byzantine Studies*, vol. 10, 1969, pp. 287-92).

Esse é um resultado estranho e talvez, para alguns, até indesejado. No entanto, na verdade, ele parece ter sido prenunciado em um dos primeiros momentos proféticos de Prometeu (190-2); e uma vez, na mais deliberada de suas profecias, perto do final da cena de Io, vislumbramos um Zeus que demonstra uma gentileza prometeica para com um ser humano (848-51). Mas o testemunho de *Prometeu Prisioneiro* não pode nos levar além disso. Chegou o momento em que devemos olhar para outra evidência, muitas vezes negligenciada: a peça ou as peças perdidas que Ésquilo compôs como uma sequência imediata de *Prometeu Prisioneiro*. Pois se uma coisa é absolutamente certa é que sua intenção nunca foi a de a peça sobrevivente ser uma unidade dramática autocontida — quando Prometeu desaparece na rocha ao fim, não estamos testemunhando a *coda* da sinfonia de Ésquilo, mas apenas o desfecho de um movimento. A composição e a ordem da sequência das peças de Prometeu que Ésquilo compôs originalmente foram muito debatidas, mas a maioria dos estudiosos modernos do assunto provavelmente concordaria com a seguinte afirmação:[11] o *Prometeu Prisioneiro* foi, sem dúvida, seguido imediatamente por uma peça intitulada *Prometeu Libertado*, da qual um grande número de fragmentos sobreviveu. Há algumas evidências muito tênues que indicam que o *Prometeu Libertado*, por sua vez, pode ter sido seguido por uma terceira peça, *Prometeu Pyrphóros* ("Portador-do--Fogo"), da qual existem apenas três fragmentos, não muito informativos. Essa sequência provavelmente constituía uma trilogia trágica, a ser encenada em uma única ocasião, assim como a *Oresteia* (e, de fato, como a maioria das produções conhecidas de Ésquilo). Portanto, não se tratava tanto de três tragédias, mas de uma única grande tragédia dividida em

---

[11] Uma discussão sobre as evidências técnicas disponíveis está registrada na obra do presente autor, *The Author of the Prometheus Bound*, em seu apêndice A.

três movimentos, com a ação e as ideias desenvolvendo-se continuamente do primeiro ao último movimento. Por todas as analogias, a trilogia deveria ter sido concluída por uma sátira, que seria uma unidade independente, semicômica; mas se uma peça satírica existiu aqui, não temos como identificá--la. A trilogia trágica assim reconstruída é frequentemente referida, como um todo, pelos escritores modernos como *Prometeia*, e esse é um título conveniente e economizador de tempo — desde que se tenha em mente que não há nenhum testemunho antigo o atestando. Na presente edição, todos os fragmentos da *Prometeia* que parecem ter alguma importância para a compreensão do projeto original de Ésquilo são reproduzidos em inglês, seguindo nossa tradução do *Prometeu Prisioneiro*.[12] Como um todo, apesar de incluírem alguns momentos maravilhosos de poesia imaginativa, definitivamente não são leituras fáceis, e alguns leitores podem preferir ignorá-los, pelo menos em uma primeira abordagem do *Prometeu Prisioneiro*. Mas eles são tudo o que o tempo nos legou.

Esses "fragmentos" (o termo convencional realmente abrange qualquer evidência antiga, literal ou não, referentes às peças perdidas) são difíceis de avaliar, pois foram preservados, praticamente, por um total acaso. Eles são citados nas fontes antigas para quase qualquer propósito estranho, *menos* o de satisfazer a curiosidade do crítico literário sobre a mecânica ou as motivações do enredo das peças perdidas. Galeno, por exemplo, o grande médico, preservou o fragmen-

---

[12] Até onde sabemos, esta é a única coleção de evidências — que inclui quase todas as *alusões* antigas a essas peças perdidas, bem como as citações literais — disponível em inglês. Omitimos apenas alguns poucos fragmentos mutilados, breves ou de atribuição duvidosa. Uma coleção quase completa das evidências, no original grego e latino, é apresentada em H. J. Mette, *Die Fragmente der Tragödien des Aischylos* (Berlim, Akademie-Verlag, 1959), pp. 115-31 — a numeração dos fragmentos provém desta edição.

to 327 do *Prometeu Libertado* como uma mera ilustração de uma palavra obsoleta do grego; e o geógrafo Estrabão cita os fragmentos 323, 328 e 326a em conexão com seus próprios estudos geográficos relacionados à Antiguidade. Mesmo assim, os contornos do *Prometeu Libertado*, pelo menos, emergem com bastante clareza. A peça começou com a entrada de um coro de Titãs, que chegam para visitar Prometeu cantando sobre os vastos territórios que haviam atravessado para chegar até lá. (Já se pode inferir, portanto, que a atmosfera política do universo tornou-se um pouco menos carregada desde a última peça: Zeus deve ter se arrependido da punição terrível que impôs aos Titãs em *Prometeu Prisioneiro*, 219-21.) Prometeu, agora restaurado à luz após sua prisão na rocha, mas sofrendo os tormentos da águia, deu ao coro um relato de seus novos sofrimentos. O longo fragmento 324, que descreve isso, pode muito bem ser a passagem mais aterrorizante da tragédia antiga; Prometeu parece muito próximo do colapso. Em um intervalo de tempo desconhecido depois disso, Héracles entrou e Prometeu fez um discurso, ou uma série de discursos, em que previu as futuras andanças de Héracles. Elas levariam-no, no sentido anti-horário em torno de metade da Terra, primeiro para o norte, através dos ventos gelados da Rússia, depois para o oeste, passando pela foz do Ródano e, finalmente, para o Jardim das Hespérides[13] — que a maioria dos escritores antigos imaginava estar em algum lugar na costa norte da África, ou próximo a ela. Essa cena era, assim, uma contrapartida à cena de Io em *Prometeu Prisioneiro*, e completava uma magnífica visão poética do mundo inteiro tal como Ésquilo o imaginava. Hé-

---

[13] Assim diz Estrabão, no fragmento 326a. Ele era um estudioso e cientista cuidadoso e, portanto, é muito provável que seu relato seja mais exato do que o fornecido no fragmento 326c por Higino, este um compilador um tanto confuso.

racles, como Io, provavelmente terminará suas andanças extenuantes em algum lugar do continente africano. Antes ou depois dessa grande profecia (não há evidências que indiquem qual), Héracles atirou na águia com seu arco e, em seguida, como mostra o fragmento 333, libertou Prometeu, confirmando a profecia que este último havia feito a Io há muito tempo. No entanto, o fragmento 333 também parece mostrar que a libertação foi realizada antes que Prometeu e Zeus tivessem se reconciliado (compare, talvez, com *Prometeu Prisioneiro*, 771, em que Io pergunta: "quem irá libertar você *contra a vontade de Zeus*?").

O que aconteceu depois? A única evidência literária sólida remanescente é o breve fragmento 334 (segundo parágrafo), que mostra que a humanidade foi finalmente reintroduzida na trilogia, usando sempre a guirlanda — um símbolo de festividade — "como uma recompensa pelos elos [de Prometeu]". Se essa afirmação misteriosa puder ser interpretada à luz da declaração (possivelmente não esquiliana) relacionada ao fragmento 334 (primeiro parágrafo), devemos concluir que Prometeu e Zeus acabaram chegando a um acordo, mas que Prometeu concordou em salvar a cara de Zeus pela continuação do uso de uma espécie de corrente — na forma de uma guirlanda! Recentemente, foram publicadas algumas evidências de um tipo bem diferente que parecem apoiar essa conclusão. Trata-se de um vaso de figuras vermelhas, da Apúlia, datado do terceiro quarto do século IV a.C.[14] No centro superior da imagem está Prometeu, uma figura grandiosa e barbuda, ainda preso em seu abismo rochoso. À esquerda dele está Héracles, com sua maça e seu arco: a águia está caindo, mortalmente ferida, na parte inferior da imagem,

---

[14] Um registro deste vaso pode ser encontrado em A. D. Trendall e T. B. L. Webster, *Illustrations of Greek Drama* (Londres, Phaidon, 1971), p. 61, com uma fotografia, outras referências e uma discussão à qual o presente relato deve muito.

que contém algumas figuras femininas que parecem simbolizar o Hades. À direita de Prometeu está uma imponente figura feminina, que pode ser a Terra; e novamente à direita está Apolo, deus a quem Héracles roga uma prece no fragmento 332 do *Prometeu Libertado*. O mais interessante de tudo, tendo em vista o fragmento 334 (segundo parágrafo), é a figura que está afastada, na extrema esquerda da imagem; a deusa Atena, aqui, senta-se calmamente, como alguém que espera. Ela ostenta seus atributos habituais: usa o elmo, o escudo e a lança; mas também segura, com destaque, em sua mão esquerda, um atributo deveras incomum: *uma guirlanda de folhas*. É razoável que existam dúvidas de que essa pintura em vaso esteja relacionada às cenas posteriores de *Prometeu Libertado*. Infelizmente, os antigos pintores de vasos reproduziam muito raramente uma determinada cena de tragédia com precisão literal, e tendiam a pintar visões genéricas da situação mitológica em questão, muitas vezes adicionando ou subtraindo personagens à vontade. A pintura, desse modo, não pode ser considerada como prova de que todas as figuras mostradas eram personagens do *Prometeu Libertado* de Ésquilo. Entretanto, parece pelo menos confirmar as indicações do fragmento 334, de que Prometeu recebeu uma guirlanda em troca de suas correntes, e pode até mesmo acrescentar um detalhe altamente significativo: que ninguém menos que *Atena*, a filha favorita de Zeus e deusa de Atenas,[15] finalmente conferiu essa guirlanda a Prometeu.

A essa altura, as evidências da história contada na *Prometeia* finalmente se esgotam. É inútil conjecturar sobre a trama da peça final, *Prometeu Pyrphóros*; tudo o que pode ser dito com razoável certeza é que seu tempo dramático foi estabelecido *depois* da libertação de Prometeu (*Prometeu*

---

[15] Suas relações especialmente próximas com Zeus e com Atenas são celebradas em uma grandiosa e alegre ode perto do final da *Oresteia*, nas *Eumênides*, 916-1.020 (sobretudo na estrofe 996-1.002).

Pyrphóros, fragmento 341). No entanto, ainda há um outro aspecto da trilogia a ser considerado antes de tentarmos fazer um resumo final, que é a progressão dos elementos ao longo dela. O primeiro pronunciamento de Prometeu em *Prometeu Prisioneiro* é aparentemente um apelo solene aos quatro elementos — o céu profundo e brilhante (a palavra grega é *aether*, frequentemente usada para o elemento fogo), os ventos, as águas e a Terra. No decorrer da ação, ele é visitado pelas filhas de Oceano, que formam o coro, e até mesmo pelo próprio Oceano; essa primeira peça é, assim, de certa forma, dominada pelo elemento água. Entretanto, quando Oceano se oferece para intervir junto a Zeus, não dá em nada, pois as temíveis descrições de Prometeu sobre a violência de Zeus acabam levando ele e seu monstruoso corcel de volta à segurança de casa. Os críticos nunca conseguiram extrair muito sentido do episódio de Oceano unicamente no contexto do *Prometeu Prisioneiro*, e vale a pena levantar a questão de que esse episódio pode ter sido parte de uma cadeia de cenas elementares, que prosseguem ao longo da trilogia e só são compreensíveis nesse contexto maior — se o tivéssemos em sua totalidade. Certamente o clamor final de Prometeu no *Prometeu Prisioneiro* é um apelo somente à Terra e ao Céu — como se Oceano não mais importasse? E, de fato, uma das personagens de *Prometeu Libertado* é a própria Terra (*Prometeu Libertado*, fragmento 325; ver, por exemplo, a mulher de pé na pintura do vaso apuliano mencionado acima), enquanto o coro consistia não mais nas filhas de Oceano, mas nos Titãs — que são filhos da Terra e do Céu. Nesse ponto, como tantas vezes na exploração da *Prometeia*, somos simplesmente deixados sozinhos diante das evidências concretas. Mas o padrão estabelecido até o momento é bastante impressionante; ele sugere que pode ter havido uma espécie de subenredo elementar na trilogia, um baixo contínuo que acompanha a melodia da história de Prometeu e Zeus. Pode-se especular que a progressão de Oceano, na primeira peça, para a Terra, na segunda, pode implicar a intervenção do Céu (ou do *aether*, do fogo) na peça final. Pelo menos, o provável título da última, *Prometeu Pyrphóros*, contém esse elemento em si. Mas isso é, reconhecidamente, uma especulação e nada mais.

Os fragmentos dos últimos movimentos da *Prometeia* dizem-nos infinitamente menos do que gostaríamos de saber e, ainda assim, em certos pontos importantes, suas evidências são inequívocas. Acima de tudo, eles confirmam a hipótese de que os momentos de profecia solene do *Prometeu Prisioneiro* devem ser aceitos como uma descrição do que realmente aconteceu mais tarde na trilogia. Prometeu *foi* libertado no final, e por Héracles, o descendente de Io. O episódio da guirlanda, pelo que se pode deduzir agora, sugere até mesmo que a visão de Prometeu de uma amizade espontânea e mútua entre ele e Zeus se materializou. E também a tendência geral da trilogia torna-se agora clara; é uma progressão universal a partir da confusão e do tormento, em todos os níveis do universo, em direção à paz e à felicidade. Frases do tipo "libertação das tristezas", "livramento da agonia", "fim das labutas" repetem-se como *leitmotiv* na sobrevivente *Prometeu Prisioneiro*; contamos 21 ocorrências delas no texto grego, que tem apenas 1.093 versos.[16] Essas recorrências verbais em tal escala são únicas na tragédia grega, e só podemos considerá-las como uma preparação subliminar do público para as grandes mudanças que ocorreriam mais tarde na trilogia. De fato, as profecias de Prometeu, tanto em *Prometeu Prisioneiro* quanto em *Prometeu Libertado* (para Héracles), bem como a ação do *Prometeu Libertado* em si, mostram que essas mudanças realmente ocorreram. Todos os personagens principais — o próprio Prometeu, Io e Héracles — parecem

---

[16] Ao traduzir a peça, não nos pareceu possível dar o mesmo sentido literal a cada uma dessas frases, todas as vezes que ocorreram, sem produzir um efeito de artificialidade. Mas a *ideia* foi quase sempre mantida.

ter passado do tormento para a libertação. *E Zeus*? Aqui sabemos muito pouco, mas há algumas evidências que mostram que, pelo menos, facetas totalmente novas dele penetraram na visão do espectador com o passar do tempo. Já vimos como, em um futuro distante, ele deixaria de cobiçar Io ou de causar-lhe medo. Além disso, nos fragmentos 326a e 326c de *Prometeu Libertado*, Prometeu de fato visualiza Zeus como *piedoso*, uma emoção que é totalmente alheia a Zeus em *Prometeu Prisioneiro*, sendo ali atribuída apenas a Prometeu. Assim, parece provável que à tese de *Prometeu Prisioneiro*, "Zeus é um tirano!", o *Prometeu Libertado* tenha respondido com a antítese, "Zeus é um salvador!", e que, à luz dessa resposta, uma síntese tenha se tornado possível: a reconciliação do poder onipotente de Zeus com a inteligência civilizatória de Prometeu. Muitas pessoas podem achar esse desenvolvimento difícil de ser imaginado, tendo em vista o hediondo retrato de Zeus pintado em *Prometeu Prisioneiro*: seria possível algum dia a reputação do deus ser salva depois disso? Mas, na verdade, há um paralelo próximo a este processo em outra obra sobrevivente de Ésquilo, composta perto do fim de sua vida. No primeiro terço das *Eumênides* (parte da *Oresteia*, de 458 a.C.), as Fúrias são representadas como os monstros mais imundos do inferno, odiadas pelos brilhantes deuses do Olimpo e irreconciliavelmente opostas às demandas destes. No terço intermediário, esse aspecto desaparece, e começamos a entendê-las como poderes da terra capazes de abençoar o solo, bem como de fazê-lo rebentar. No final das *Eumênides*, seu aspecto benéfico é totalmente destacado, e elas são persuadidas a unir forças com os olímpicos, antes odiados, para fazer Atenas prosperar. Entretanto, se apenas o primeiro terço das *Eumênides* tivesse sobrevivido, nenhum estudioso, por mais aventureiro que fosse, teria ousado prever esse resultado. Nas *Eumênides*, como em toda a *Oresteia*, Ésquilo não admite unidades absolutas nesse universo antes de sua conclusão. Ele está disposto a postular que não apenas a humanidade, mas também os deuses e, até mesmo, o próprio deus supremo, são fenômenos ambíguos e multifacetados, bons e maus; e que apenas o tempo revelará, dolorosamente, o bem em qualquer um deles, tornando possível um mundo harmonioso. O realismo assustador da primeira metade desse postulado, e o otimismo crescente da segunda, não são fáceis de apreender nesta era de ideologias cinzentas. No entanto, ele pode, possivelmente, ser uma pista para a *Prometeia*.

No entanto, mesmo que esse paralelo seja válido, ainda temos que admitir a derrota na maioria das frentes. A história contada na trilogia inteira, como Ésquilo a concebeu, seus mecanismos e as motivações de seus participantes, permanecem além de nossa compreensão. A negligência dos escribas antigos (ou seria apenas o trabalho silencioso e sem sentido de ratos ou traças em alguma biblioteca bizantina?) privou-nos de dois terços do projeto do poeta; e, ao fazer isso, levou embora grande parte das evidências para a interpretação até mesmo do terço existente, o *Prometeu Prisioneiro*. É difícil decidir se, a longo prazo, essa perda prejudicou ou beneficiou a imaginação da humanidade. É bem possível que nos tenha sido negado um dos mais magníficos dramas políticos e religiosos já compostos no mundo ocidental e, ainda assim... a impressionante parte que sobreviveu gerou novos poemas e novas teorias em culturas e idiomas que Ésquilo nunca conheceu. Talvez a maior recompensa de uma leitura de *Prometeu Prisioneiro*, em qualquer século desde a queda de Roma, tenha sido o fato de o leitor ter sido forçado a construir *por si só* alguma resposta à temível tese da peça sobre a humanidade, deus e o governo. Assim, onde o poema antigo abandona o leitor, o que corresponde somente a um terço de seu curso, começa um poema eternamente moderno: o seu próprio.

IV. Encenação e direção de palco

Na questão da encenação, como em quase todas as outras, *Prometeu Prisioneiro* apresenta problemas especiais. Não há informações confiáveis sobre a forma como ela foi apresentada pela primeira vez — nem mesmo sobre quando ou onde a apresentação ocorreu. Se estivermos certos ao datar a peça no final da vida de Ésquilo, durante sua estadia na Sicília, então o poeta não a viu sendo encenada em sua própria cidade. Por outro lado, as paródias de Aristófanes (especialmente no final de *As Aves*, de 414 a.C.) deixam poucas dúvidas sobre se, na época do comediante, *Prometeu* já havia sido apresentado ao público ateniense. Sabemos, de fato, que o filho de Ésquilo, Eufórion, mais tarde, produziu várias tragédias inéditas de seu pai (presumivelmente encontradas entre seus papéis após sua morte em Gela) e obteve quatro vitórias com elas nas competições dionisíacas. *Prometeu* e sua trilogia poderiam muito bem estar entre elas. Como cenário, então, para a primeira produção, é razoável imaginar o Teatro de Dionísio em Atenas. Haverá um *skené,* uma construção de fundo com duas alas laterais salientes, uma área de atores no espaço retangular, longo e estreito, que se estende entre essas alas, e uma pista de dança redonda para o coro em frente à área dos atores. Para obter informações mais específicas sobre a encenação de *Prometeu*, nosso primeiro recurso deve ser, como sempre, o próprio texto grego. A partir dele, pode-se deduzir com precisão quase completa (a) os pontos em que os personagens entram e saem, (b) a maneira como cada parte da peça foi apresentada.

O item (b) do parágrafo acima requer algumas explicações. Havia três tipos de discurso no teatro ateniense, cada um tradicionalmente associado à sua própria métrica ou métricas. Como a métrica, é claro, ainda está preservada nos versos gregos, podemos, em quase todos os casos, afirmar como uma determinada seção foi proferida. O tragediógrafo grego tinha à sua disposição: (1) O *discurso sem acompanhamento*, associado ao verso iâmbico de seis pés, que é o metro de diálogo mais usado na tragédia grega. (2) Um discurso conhecido no grego como *parakatalogé*, que era acompanhado por instrumentos e ficava a meio caminho entre a fala e a canção melódica, como o nosso recital moderno; era associado principalmente ao metro anapéstico, de movimento rápido. Em nossas direções de palco, esse tipo de interpretação é chamado de *recital*. Em *Prometeu*, seu uso, quase sempre, indica emoções crescentes, acelerando o andamento; um bom exemplo é o final, em que ele marca a chegada da grande tempestade. (3) A *canção* totalmente melódica, acompanhada por instrumentos e associada a uma variedade infinita de ritmos líricos. Pode ser extremamente fascinante acompanhar a maneira como Ésquilo lida com esses três tipos de interpretação para fins dramáticos. Aqui, muito tempo depois de todas as antigas liras terem se quebrado e quase todas as notas escritas perdidas, ainda há alguma possibilidade de apreciá-lo em seu aspecto de compositor operístico, sendo um virtuoso nisso. Há até mesmo passagens, sobretudo o trecho de abertura de *Prometeu*, analisado acima, em que a compreensão das variações no discurso parece quase essencial para o entendimento do sentido em Ésquilo.

Algumas outras indicações sobre a encenação podem ser extraídas do texto grego. A máscara de Poder parece ter sido terrivelmente feia (78). A máscara de Io era coroada, grotescamente, com chifres de vaca (675). De alguma forma, Oceano apareceu montado em um monstro que era alado, mas tinha quatro pernas (286, 394-5). Além disso, tudo é incerto. No antigo comentário grego sobre as sete peças de Ésquilo, preservado em nosso mais antigo manuscrito sobrevivente (o venerável *Codice Mediceo* da Biblioteca Laurenziana, em Florença), há algumas notas referentes à encenação do *Prometeu Prisioneiro*. Elas são as seguintes:

No *verso 128* (*palavras iniciais do coro*): "Elas pronunciam essas palavras enquanto estão sendo balançadas no ar por meio de um *mekhané* [guindaste]; pois seria absurdo que elas conversassem de baixo para cima com Prometeu, que está no alto. Mas enquanto ele está falando com Oceano [ou seja, na cena 284], elas descem ao chão".

No *verso 284* (*palavras iniciais de Oceano*): "A chegada de Oceano oferece ao coro uma oportunidade adequada para descer do *mekhané*... Oceano está montado em um grifo de quatro patas".

No *verso 397*: "O coro, tendo descido ao chão, canta o *stasimon* [ode]".

A autoria e a data dessas notas são desconhecidas; no máximo, podemos dizer que elas dificilmente podem ter sido compiladas menos de dois séculos após a morte de Ésquilo, e que isso pode ter ocorrido muitos séculos mais tarde ainda. Se quisermos, temos a liberdade de supor que elas possam preservar informações genuínas sobre a produção original de *Prometeu* ou, pelo menos, de *alguma* produção nos tempos clássicos, e vários estudiosos já fizeram isso. Nesse caso, Prometeu será, de alguma forma, elevado bem acima do palco, todo o coro (em número de doze ou quinze) será suspenso em um guindaste e pairará em torno dele até a entrada de Oceano, quando descerão ao nível do palco e desembarcarão. Mas confessamos que nossa imaginação vacila com este espetáculo implícito e preferimos acreditar que o voo e a descida do coro foram representados simplesmente por mímica. Por outro lado, a declaração (ou conjectura?) do antigo comentarista de que Oceano e seu monstro foram trazidos em um guindaste parece aceitável. De fato, é difícil imaginar qualquer outra maneira de fazer isso; e há muitos paralelos no teatro do século V a.C. (até mesmo na perdida *Psicostasia* do próprio Ésquilo) para a introdução de um personagem alado, ou de um personagem em uma montaria alada, por esses meios mecânicos. Mas essa é uma área cinzenta, e o leitor é instado a usar seu próprio discernimento nessa e em outras questões de produção, como, por exemplo, a maneira de entrada de Hermes. As escassas evidências antigas que existem foram agora apresentadas a ele.

A questão da encenação física é, obviamente, uma coisa, enquanto a cena fantástica conjurada na imaginação pelos versos de Ésquilo é outra bem diferente. Essa última nunca poderia ser reproduzida em sua plenitude em qualquer palco, seja ele antigo ou moderno (infelizmente o *cinema* nunca foi explorado adequadamente como um meio para o drama esquiliano). O cenário imaginado fica onde, para Ésquilo, o mundo acaba — a cordilheira do Cáucaso, provavelmente pensada como se estendendo entre o extremo leste do mar Negro e o Oceano circundante.[17] Em algum abismo no alto dessas montanhas desoladas, Prometeu está preso. Muito abaixo, ele pode vislumbrar o brilho infinito das ondas (90); e em algum lugar ali, ao alcance do tremendo estrondo do martelo de Hefesto, estão as cavernas marinhas onde habitam Oceano e suas filhas (133-4, 300-1). Assim, o cenário permanece até a grande tempestade do final, que, novamente, deve sempre ter sido percebida pelo público principalmente pela magia dos versos de Ésquilo. O teatro antigo tinha suas máquinas primitivas de trovão, e o produtor moderno pode fazer uso eficaz de tambores aqui; mas nenhum deles levará o público tão longe quanto as palavras. Nessa convulsão final dos elementos, Prometeu será engolido pelo abismo da montanha, como Hermes havia ameaçado (1.018-19). O que acontece com o coro não está claramente indicado no texto de Ésquilo, mas preferimos imaginar que ele desaparece — também engolido pelas rochas que colapsam —

---

[17] O mar Cáspio não era geralmente conhecido como um mar interior até a época de Alexandre, o Grande, mais de um século após a morte de Ésquilo.

um pouco antes do último e terrível apelo de Prometeu aos elementos. "*Quando todos se foram*, Prometeu fala suas palavras para o céu brilhante [*aether*], assim como fez no início", foi o palpite de um dos maiores estudiosos bizantinos da Idade Média, Demétrio Triclino, em seu comentário ao verso 1.091. É apenas um palpite (Demétrio provavelmente não tinha informações mais confiáveis do que nós sobre esses pontos), mas o que ele diz faz sentido. As últimas palavras de Prometeu, assim como as primeiras, serão ditas em total solidão — exceto pela presença eterna e misteriosa dos elementos.

Sobre o tradutor

Trajano Vieira é doutor em Literatura Grega pela Universidade de São Paulo (1993), bolsista da Fundação Guggenheim (2001), com estágio pós-doutoral na Universidade de Chicago (2006) e na École des Hautes Études en Sciences Sociales de Paris (2009-2010), e desde 1989 professor de Língua e Literatura Grega no Instituto de Estudos da Linguagem da Universidade Estadual de Campinas (IEL/Unicamp), onde obteve o título de livre-docente em 2008. Tem orientado trabalhos em diversas áreas dos estudos clássicos, voltados sobretudo para a tradução de textos fundamentais da cultura helênica.

Além de ter colaborado, como organizador, na tradução realizada por Haroldo de Campos da *Ilíada* de Homero (2002), tem se dedicado a verter poeticamente tragédias do repertório grego, como *Prometeu Prisioneiro* de Ésquilo e *Ájax* de Sófocles (reunidas, com a *Antígone* de Sófocles traduzida por Guilherme de Almeida, no volume *Três tragédias gregas*, 1997); *As Bacantes* (2003), *Medeia* (2010), *Héracles* (2014), *Hipólito* (2015), *Helena* (2019) e *As Troianas* (2021), de Eurípides; *Édipo Rei* (2001), *Édipo em Colono* (2005), *Filoctetes* (2009), *Antígone* (2009) e *As Traquínias* (2014), de Sófocles; *Agamêmnon* (2007), *Os Persas* (2013) e *Sete contra Tebas* (2018), de Ésquilo, além da *Electra* de Sófocles e a de Eurípides reunidas em um único volume (2009). É também o tradutor de *Xenofanias: releitura de Xenófanes* (2006), *Konstantinos Kaváfis: 60 poemas* (2007), das comédias *Lisístrata*, *Tesmoforiantes* (2011) e *As Rãs* (2014) de Aristófanes, da *Ilíada* (2020) e *Odisseia* (2011) de Homero, da coletânea *Lírica grega, hoje* (2017) e do poema *Alexandra*, de Lícofron (2017). Suas versões do *Agamêmnon* e da *Odisseia* receberam o Prêmio Jabuti de Tradução.

Este livro foi composto em Sabon e Cardo pela Franciosi & Malta, com CTP e impressão da Edições Loyola em papel Pólen Natural 80 g/m² da Cia. Suzano de Papel e Celulose para a Editora 34, em novembro de 2023.